JN104972

はじめに

本書は、昔の剣豪たちが会得した武術を通し、強くなるためのメソッドをまとめたものである。剣豪が到達した術理は、当然、剣道を学ぶ人にとっては大いに参考になると思われるが、本書では主に空手道を中心に格闘技のレベルアップに役立つコツが整理されている。

内容は「心法編」「技法編」「体術編」の三編から構成されており「心法編」「技法編」では、「五輪書(ごりんのしょ)」や「兵法家伝書(へいほうかでんしょ)」など、宮本武蔵や柳生宗矩(やぎゅうむねのり)をはじめとする剣聖が著した書物から、戦い方についての解説を試みた。

それらの書物からの引用文は、原文をできるだけ現代文に近い形に変えてあるが、それでも今では使われない単語や言い回しも多く、それだけで意味を理解するのは難しいだろう。そのため原文の真意を探りつつ意訳したので、読者の皆さんは昔の剣豪たちがどのような考え方をしていたのか想像しながら、読み解いていただければと思う。

なお、本文の進め方としては「体術」「技法」「心法」の順になっているが、これはまず身体の使い方を覚え、次に技を修得、最終的に心の課題を目指すことが順番としては正しいという考え方によっている。

例えば、武器を持って戦うとき、棒切れや木刀よりも刃のついた刀のほうが有利である。しかし、どんな名刀を持っていても技術のない者には人を切ることなどできない。切るという行為は意外と難しいのだ。そこで切り方を修得することになる。

切れ味鋭い刀を手に入れ、切り方を覚える。これが「体術」である。

ところが、いかに名刀を手に入れ、人間の胴体を真っ二つに切るほどの腕前になったとしても人は切れない。なぜなら相手は生きているからである。瓦を二〜三十枚割れるほどの威力を持った突きでも相手に当たらなければ無用の長物でしかない。

そこで次のステップとして相手の隙や攻め入るタイミング、つまり「先（せん）」の技術を身につけなければならない。これを「技法」という。

しかしながら「体術」と「技法」が完璧となっても、それで完成ではない。昔の剣豪たちは三つ目の「心法」こそが最大のテーマとして捉え、様々な苦労を重ねてきた。

さて、最初の「体術編」では、身体の使い方による様々なパワーアップ方法を紹介している。

一般的に武術の動きを見た人は一様に驚き、不思議だという感想を持つ。そして自分でもできるようになりたいと思って努力する人がいる。

一方では、どうせヤラセだろうと懐疑的な目で見る人もいる。猜疑心（さいぎしん）の強い人の場合は、たいした興味も持たず、そのまま忘れてしまう。

しかし、信じた人は試してみたくなるだろう。どうしたら「ああいう動き」ができるようになるのか、いろいろと努力したり工夫したりする。

ところが武術というものは、そう簡単に習得できるものではない。なぜなら、そこには「脱力」とか「気」とか、よくわからない世界があるからだ。

その結果、せっかく興味を持って頑張った人も、いつしか「あれは、特別な才能のある人でなければできないもの」とか「あんなものができても社会で役に立つわけではない」と諦めてしまうケースが後を絶たない。

もう一つの問題点は、それらが単なる「宴会芸」になってしまっていることである。「確かに不思議だしスゴイけど、でもそれが何なの？」という反応がある。それは、その動きが何のために必要なのか説明できていないからだ。

本文中に、肘を曲げた状態の腕を左右から押さえつけられ、その肘を簡単に伸ばすという動きを紹介した。しかし、伸ばすだけなら、肘を上方へ上げながら腕を伸ばせば簡単に伸ばせる。そのやり方なら、たとえ二人掛かりでも四人掛りで押さえつけられても、簡単に腕を伸ばすことができる。

でも、それでは役に立たない。目的は単に腕を伸ばすことではないからだ。目的は身体の使い方によって、いかにパワーアップするかにあるワケだから、動かし方を変えたり相手の態勢を崩したりして、結果として同じような動きができたとしても、それでは役に立たない。

武術とは端的にいえば強くなるための技術である。当然、そこには相手を倒すという目的があるから、そのための「動き」や「技」は手段でしかない。つまり、どんなに凄くても目的が果たせなければ意味はないのだ。

例えば「寸突き」という技がある（短突き、寸勁、ワンインチパンチともいう）。

これを初めて見た人は驚き、感心する。しかし、これだけでは実戦でほとんど役に立たない。実戦で使えるようになるには、次なるステップが必要である。

「動き」や「技」を習得しただけで納得してはいけないのだ。

パワーアップするための筋トレに励むあまり、いつの間にかそれが目的となって、ただ筋肉隆々の身体を作ることに一生懸命になってしまうのと同様、それでは本末転倒である。

今回は、武術をより身近なものにしていただくため、比較的容易な、しかも脱力よりも、どこの筋肉を使えばできるのか比較的わかりやすい「動き」を用意した。

そのため具体的な解説を読まなくても、できるようになる人もいるかもしれない。できないことができるようになれば、興味も湧き、さらに上のレベルを目指したくなるだろう。

本書で、日頃馴染みのない武術の世界に接してもらい、少しでも武術、武道について興味を持っていただき、さらに習得してもらえれば幸いである。

「勝利は遅くとも着実な者に」である。「ゆっくり、ゆるめず」頑張ってみてほしい。

CONTENTS

体術編

はじめに …2

身体と筋肉の関係……10

■パワーの源 …10

■筋肉の構造と働き …16

身体のコントロール・脱力……28

■身体の使い方でパワーアップ …28

■自律訓練法 …61

■脱力による身体の変化 …75

身体のコントロール・呼吸法……82

■呼吸法の歴史 …82

■心をコントロールする …90

■呼吸法の実際 …95

技法編

隙と攻撃のチャンス……106

■隙の種類…106

■許さぬところ三つ…113

■枕押さえ…118

■先々の先…121

戦いのテクニック……130

■攻め方のいろいろ…130

■駆け引き…心理戦…144

■戦い方の工夫…152

間合、目付、残心……164

■間合…164

■目付…170

■残心…180

心法編

先……186

■威勢について……186
■先とは何か……191
■平山子竜の先……192
■三つの先……197

戦いの心構え……206

■神仏の力にて打ち落とすべし……208
■狐疑心……212
■秋猴の身と漆膠の身……215
■たけくらべ……217
■平常心……219
■平常心と集中力を養う訓練法……226

武道における強さ……232

■勝ちに不思議の勝ちあり……232
■畠水練……234
■強さのランク……239
■達人誕生……243
■心がすべて……252

おわりに……254

体術編

第1章 身体と筋肉の関係

体術編

パワーの源

［計画的な身体づくりが一流への道］

どんなスポーツでも、上達するためには身体づくりが大切である。この身体づくりを疎かにして目先のテクニックだけ覚えても、決して大成はできない。

わが国のスポーツ界は、学校のクラブ活動に依存するところが大きいが、このクラブ活動への依存体質が一つの弊害となっている。

あらためて説明するまでもないが、現在、日本には小、中、高、大学と一貫して指導していけるシステムはほとんど見当たらない。特に中学校や高校では一年程度で使える選手を作り上げなければならないから、いきおい勝つためのメニューが稽古の中心となってしまう。残念ながら、そこには生徒の将来を見据えた指導方針は感じられない。

ある高校の監督は、インターハイなどで活躍した教え子が卒業後、大学で伸び悩んでいるのを見たとき「もううちの生徒ではありませんから」と興味を示さなかった。

世界と比べて日本ほど空手に関して、小さい頃から英才教育をしている国はない。にもかかわらず、日本の選手は欧米をはじめとする世界の強豪に勝てないのだ。指導の立場にある人たちは、もう少し長いスタンスで選手の育成を考える必要があろう。

人の運動神経は、大きく発達する時期が三回あるといわれている。一歳から六歳までの第一期、十歳から十二歳までの第二期、十六歳から二十二歳の第三期だ。

中でも第二期は一生のうちで最も運動神経が発達する時期で、このときに適切な指導を受けないと一流の選手にはなれないとさえいわれている。空手を学ぶ選手あるいは指導者は、これらの状況を念頭において稽古することが大切だ。

「格闘技に必要な身体とは」

そこで格闘技に求められる身体づくりだか、最近は欧米式の科学的トレーニングなども導入され、様々なメニューが開発されている。筆者はそれを否定するものではないし、実際に稽古にも取り入れている。ただ本書では、武道としての身体づくりについて考察したいと思う。

武道にとって必要な身体とは何か。いうまでもなく、これは勝つためのトレーニングに他ならない。ただし、これは欧米式の科学的トレーニングとは異なった視点による身体づくりである。

格闘技に必要な身体能力とは、端的にいえばスピードとかパワーだ。

このスピードあるいはパワーを身につけるには、そのために必要な筋肉を鍛えることが一般的である。ところが武道の世界では、必ずしも筋肉を鍛えるだけが全てではないのだ。

一例を紹介しよう。

【新聞貫き】

まず新聞紙（全紙サイズ）を一枚用意していただきたい。

それを二つに折って、両端を一人に持ってもらう。持ってもらう相手がいないときは片手で持っても良い。そうすれば単独でもできる。

このように新聞紙を吊るした状態にしておいて、それを拳で突き貫くのだ。

決して破ってはいけない。うまくいけば新聞紙は半円形の穴が開いて突き貫けるはずである。

そんなことぐらい簡単だと思うかもしれない。しかし、実際にやってみるとわかるが、これが案外難しいのだ。

なぜ難しいのか。それは新聞紙が吊るした状態にあるため、突きにスピードがないと風圧で新聞紙が動いてしまい、力がうまく伝わらないのだ。

それではスピードさえあれば貫けるかというと、そうでもない。スピードの他にもう一つ重要なタイミングが求められる。

このタイミングとは、拳が新聞紙に当たる瞬間、さらにスピードアップするように突くことにある。

最近は、巻き藁などで拳を鍛える者が少なくなったが、実際に当てる稽古をしていないと最後の瞬間で拳が浮いてしまう。それだと新聞紙は貫けない。

つまり棒突きではダメなのだ。

そこで、まずスピードを増すための方法だが、武道の場合は筋肉を鍛錬するのではなく筋肉の使い方を習得するのである。

実は、この新聞貫きは二枚を貫くコツを覚えるのに何日もかかるのが普通だが、人によってはいきなり十枚ぐらいを貫いてしまうことがある。ところが本人が、これで十枚はクリアしたと思って翌日再び挑戦してみると、今度は貫けない。

おかしいと思いつつ何度も挑戦するがうまくいかない。仕方がないので八枚、六枚と枚数を減らしてやってみるが、それでも貫けない。

こうなると最初の二枚も貫くことができない。こういうことがよくある。

なぜこうなるのか。それは身体の使い方を十分に習得していないからだ。

一般的にパワーを得るには、筋力トレーニングが効果的と思われている。ウエイトトレーニングを繰り返し行ない筋肉を太くする。スピードアップするためにも、やはり筋肉を鍛える。

確かに筋肉を発達させればパワーアップはできる。瓦も二十枚くらいは割れるようになるだろう。空手を知らない者にとっては、それだけでも相当な脅威だ。

しかし、それだけでは新聞貫きはできないのだ。

実際に突きを受けてみるとわかるが、空手の直突きの場合、突かれた表面だけに強い衝撃を受けるのに対し、新聞貫きの突きは衝撃が背中を突き貫けるような感覚がある。

つまり、それほど透徹する突きということだ。イメージ的にはピストルとライフル銃の違いというとわかりやすいかもしれない。

新聞貫きの実際

新聞紙がある程度貫けるようになったら、カレンダーやボール紙など厚いものにもチャレンジ。

新聞紙を吊るした状態で持ってもらう。一人で持っても良い。

一人で持って新聞紙五十枚を貫いた瞬間。

上は新聞紙が斜めに破けた失敗例。
下は丸く突き貫けた成功例。

筋肉の構造と働き

なぜ筋肉を鍛えただけでは新聞が貫けないのか。繰り返しになるが、それは身体の使い方ができていないからだ。

そこで、まず筋肉の構造を見てみよう。

人間の筋肉は、骨格筋、平滑筋、心筋の三つに大きく分類される。このうち平滑筋と心筋は胃、腸などの内臓や心臓を形成している。つまり、我々が通常、筋肉といっているのは骨格筋を指す。

骨格筋は自分の意思で動かせることから、随意筋ともいわれている。

この骨格筋の構造は、次のようになっている。

［筋肉の構造］

「ヒトの骨格筋の中では、筋繊維が数十本単位で筋束というかたまりを構成しています。筋束の配置は、平行筋（紡錘状筋）と羽状筋の二つに分けられます。……中略……

平行筋は筋束が長軸に平行して配置しているので、筋繊維の収縮力は直接、腱へと伝えられます。

しかし、羽状筋では筋束がある角度（羽状角）をもって斜めに配置しているので、筋繊維の力が直接的に腱へ伝達されることはありません。

腱への力の伝達は、羽状角の大きさによって決まります。

すなわち、羽状角が小さいほど筋繊維から腱への力伝達効率は高くなりますが、羽状角が大きいとその効果は低下します。……中略……

高度に洗練されたボディビルダーの骨格筋は太くなっており、そのため羽状角が50度を超えることがあります。この場合には、筋の腱への力伝達効率は小さくてロスが大きくなり、力発揮の点で不利だといえます。

このように、筋繊維が発揮できる力を腱から骨格へ効率よく伝達するには、筋束の走行角度を決定する筋の厚さを考慮する必要があることを示しています。

すなわち、人体の動作機能を考えると、筋は、ただ太くすればよいという考え方では不十分だといえるのです。」（「筋肉」湯浅景元著、山海堂より）

羽状筋

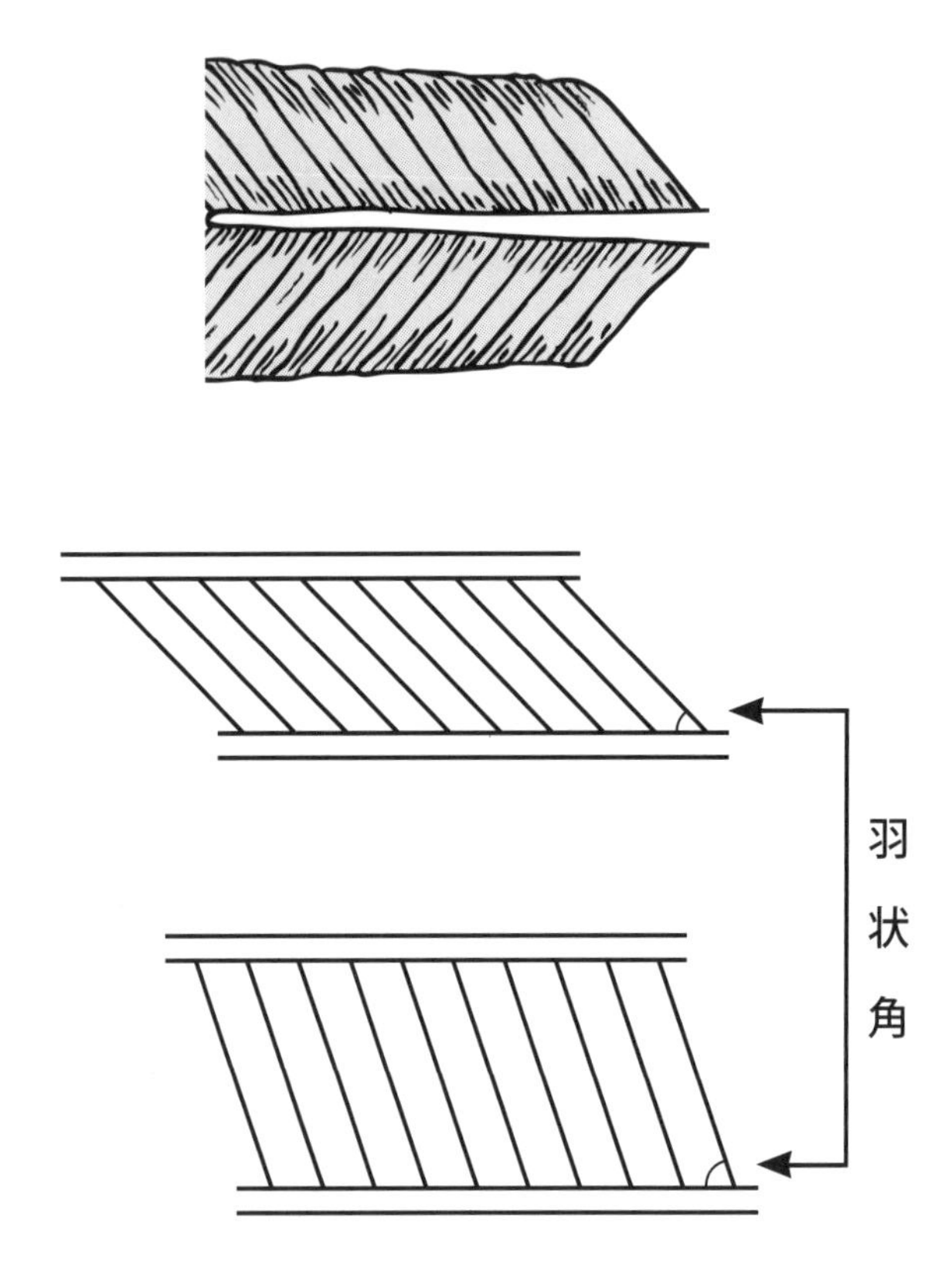

筋肉が太くなり羽状角が 50 度を超えると、力の伝導効率はロスが大きくなり、力発揮の点で不利。

［筋トレの注意点］

ひと昔前まで、筋肉トレーニングはスピードを落とすものだと考えられていた。

現在では、適度な筋トレはスピードを高める上でも有効だと認められ、様々なスポーツで筋トレが採用されている。

しかし注意しなければならないのは、それはあくまでもスピードやパワーを強化する手段としての補助運動でなければならないということだ。

ところが格闘技を学ぶ者の中には、筋トレそのものが目的化しているようなケースが見られる。単純に筋肉ばかり太くしてボディビルダーのような身体を作っても、格闘技に求められているパワーは身につかないことを知っておかなければいけない。

例えばパワーは「スピード × 体重」で表わせるが、いくら筋肉をつけ体重を増やしても肝心のスピードがないのでは、見た目ほどパワーは出せないということになる。もっとも、筋肉が厚くなれば打たれ強くなるのは間違いないが……。

最近の格闘技は、ますますスピードが要求されてきている。スピードは強化されれば比例してパワーも大きくなるが、パワーは必ずしも筋肉の量に正比例するとは限らないのである。

全身の筋肉名称図（前後）

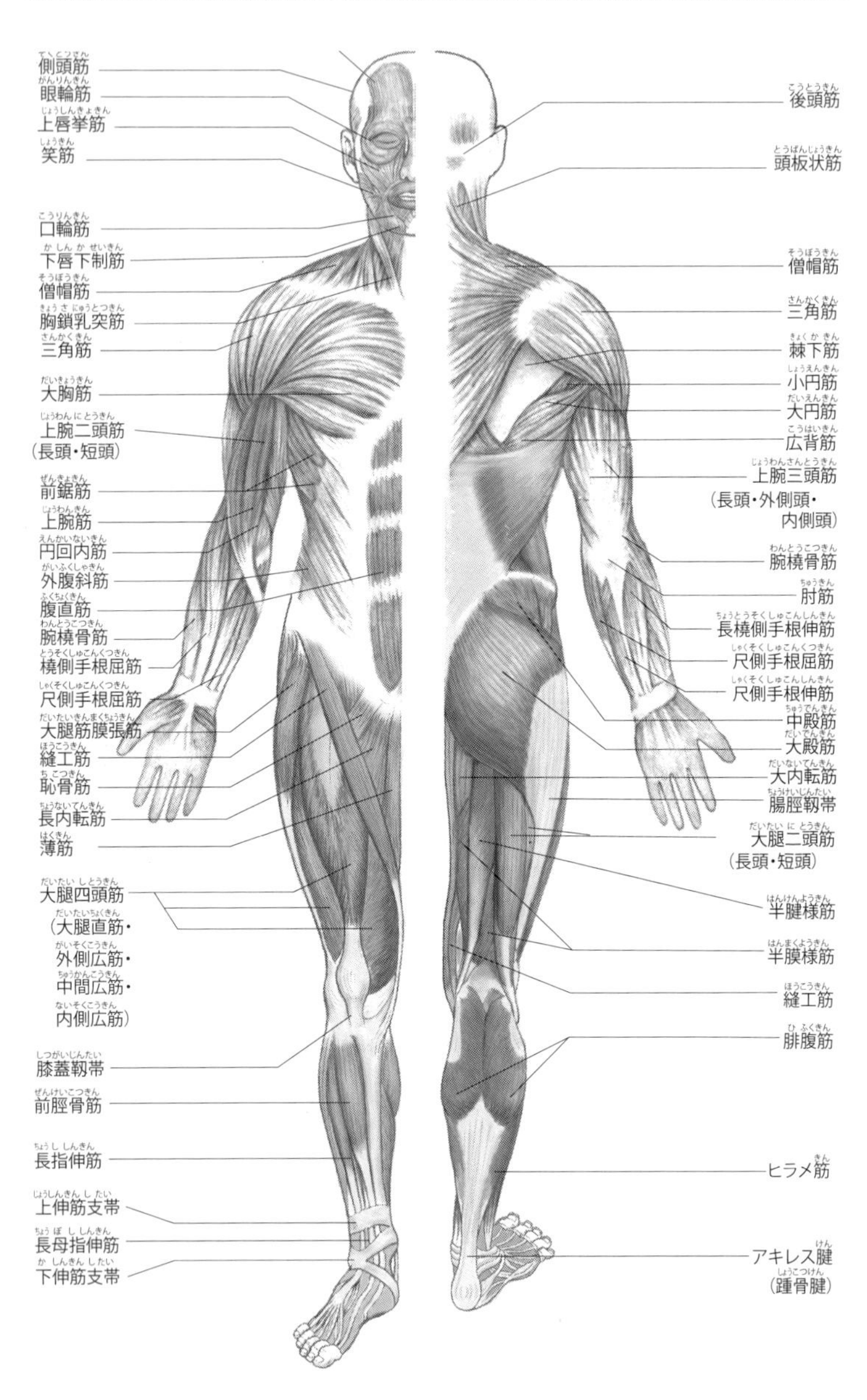

■前方からみる■　■後方からみる■

［筋肉の性質］

人体は、およそ400種類ほどの筋肉で構成されている。その中で我々が日常、筋肉と称しているのは骨格筋であるとすでに述べた。

この骨格筋は大胸筋、広背筋、腹筋、上腕筋、太腿筋など、その部位によっていろいろな名称がつけられている。

また骨格筋は運動形態により、瞬間的な力を出す速筋（そっきん）と、持続的な力を発する遅筋（ちきん）とに区分される場合がある。

速筋は読んで字のとおり速い筋肉だから、ダッシュやジャンプなど瞬発的な力を必要とする運動に適している。遅筋は、長距離など持久力を要する競技に威力を発揮する。

種類	特質	パワー	持久性	筋繊維
速筋	瞬間的な力	大きい	疲労しやすい	白色
遅筋	持続的な力	小さい	疲労しにくい	赤色

いうまでもなく、格闘技では速筋がものをいう。

そこで身体の中にある速筋と遅筋の割合だが、一般的には半々だそうである。そして、ある筋肉が速筋となるか遅筋となるかは、胎児の段階ですでに決定されてしまうといわれている。しかし、そうだとすると遅筋が多く生まれついた者は、格闘技には不向きということになるが、そうとばかりもいえないようだ。

最近の研究では、一度性格が決まってしまった筋肉でも刺激によって変化することが明らかになっている。刺激とは運動のことだ。

つまり、たとえ遅筋であっても訓練によって速筋となり得るのだ。そういう点からも計画的な身体づくりは重要といえる。

なお、速筋は筋繊維の色から「白筋（はっきん）」、遅筋は「赤筋（せっきん）」とも呼ばれている。

［筋肉の動き］

それでは筋肉による力の発揮、すなわち運動の仕組みとは、どういうものなのか。

それは、収縮と弛緩という作用によって行なわれる。

ただし、力を発揮するのは収縮のみである。弛緩は、単に筋肉が元の長さに戻るだけで、筋肉の運動とはみなさない。筋肉は自ら伸びるということはないのだ。

また、運動には伸展と屈曲という動作があるが、いずれの場合も筋肉が力を発揮するのは収縮という現象によって行なわれる。

ちなみに、目的を達成するために収縮する筋肉を主動筋といい、それに対比する筋肉を拮抗筋と称する。

主動と拮抗は、各々が相反する方向に動くため、主動筋が力を発揮すべく収縮すれば拮抗筋は伸びるという関係になっている。

ときには、主動筋と拮抗筋が同時に収縮することもある。立位姿勢を保持するときなどがそうだ。しかし多くの場合は、一方が収縮すればもう一方は伸びるのである。

つまり力を発揮するためには、反対側の筋肉をできるだけ弛緩させ、伸びやすくしておかなければならないという構図になっている。

ところが往々にして、この単純な行為ができない場合が多いのだ。特に、瞬間的に強い力を発揮しようとするときなどによく見られる。

いわゆる「力み」というヤツだ。力みとは、力を最大限に発揮しようとするあまり、身体中の筋肉が総動員される状態をいう。

これがなぜいけないのか。

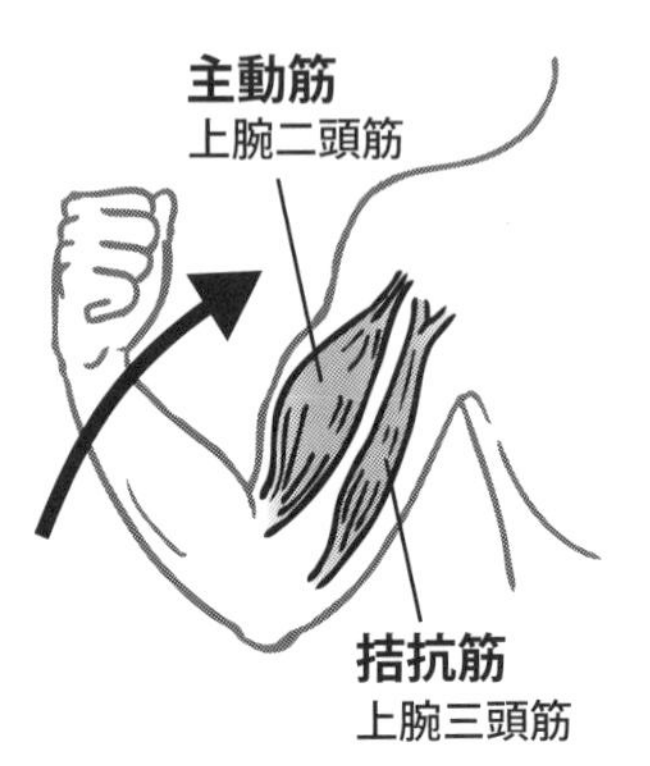

腕を伸ばす動作

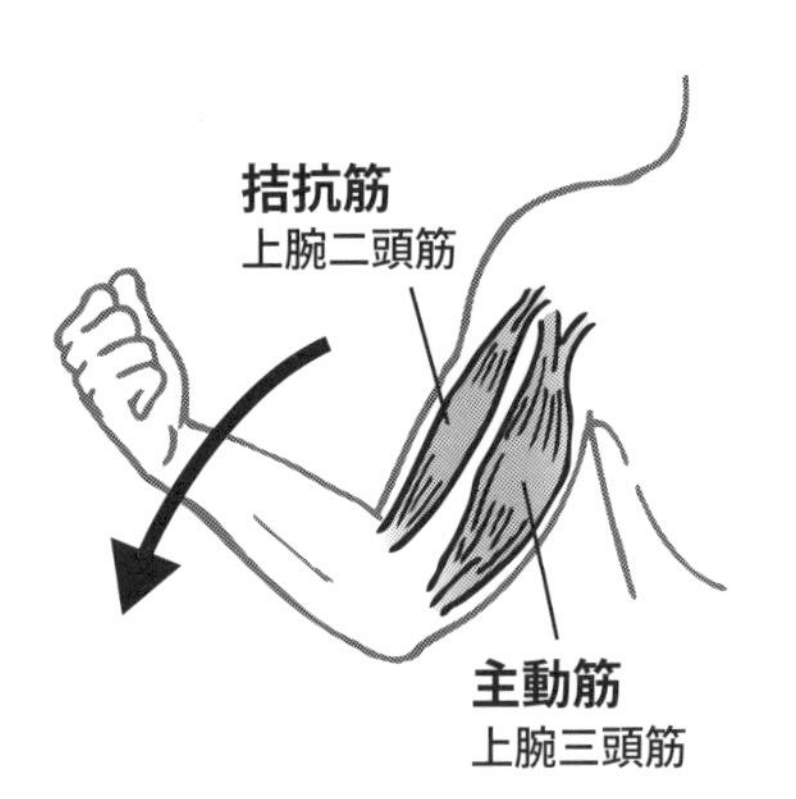

それは、主動筋と同時に拮抗筋も収縮させてしまうからだ。

主動筋を働かせるときは、拮抗筋は緩めるべきなのに、力むと拮抗筋も収縮させる結果となる。ちょうど綱引きをしているようなものだ。まさしく「拮抗」（力がほぼ等しく相対抗して互いに屈せぬこと）している状態だ。

これでは十分に力を発揮できるわけがない。昔から「力むな」「肩の力を抜け」という理由がここにある。

［伸筋と屈筋］

筋肉を知るうえで最も大切な概念に、伸筋と屈筋という捉え方がある。

これは骨格筋の機能による類別で、脊椎動物が四肢を伸ばすほうの筋肉を伸筋、曲げるほうを屈筋と称している。

特に伸筋は、空手などの武道にとって非常に重要な機能だ。

空手の動作は突く、蹴る、跳ぶなどだ。これらは全て伸筋が中心となる。中には引き付けることが必要な場合もあるが、相手にダメージを与えるのは、最終的には伸筋だ。

伸筋というと、あたかも筋肉を伸ばして力を発揮するようなイメージがあるが、前述したように筋肉の力は収縮によってのみ発揮される。だから見た目には伸展していても、伸筋は収縮しているのだ。

伸筋の代表的なものといえば、腕では上腕三頭筋、脚の場合は大腿四頭筋などがある。

ところで、肩の力を抜くことについて考えてみよう。

ヒトは緊張すると肩に力が入る。肩に力が入ると肩が上がる。それは屈筋が働くからだ。屈筋で引っ張りながら伸筋を働かせようとしても、ブレーキがかかった状態でアクセルをふかしているようなもので、これではスピードは上がらない。これは主動筋と拮抗筋の関係による。

なぜ緊張すると屈筋が働くのか。

ヒトは緊張すると防衛本能が働く。ここでいう防衛本能とは、身を小さく固めて少しでも被害を軽くしようとする行為だ。そこには相手を攻撃しようという姿勢はない。力は外に向かうのではなく内側へと働く。

元来、ヒトには他の動物と比べて肉体的に優れているところはほとんどない。足は遅いし、力も弱い。空を飛ぶことも水の中を自由に泳ぐこともできない。

あるとすれば物を掴めることと痛みに敏感なところぐらいだろう。痛みとは、身の危険を知らせるシグナルでもある。

ヒトは身を硬くする力、すなわち屈筋が働きやすい構造になっているのである。

しかし空手など武道では、相手を倒すという目的がある。そのためには力を外に向かって発揮しなければならない。

外に向かって力を出すのは伸筋だ。肩の力を抜くというのは、伸筋を働きやすくすることに他ならないのである。

第2章

身体のコントロール・脱力

体術編

身体の使い方でパワーアップ

ここで、筋トレに頼らずに身体の使い方だけでパワーアップできるテクニックをいくつか紹介しよう。比較的簡単にできるものを選んだので、ぜひ体験してほしい。

［体当たりと体当たり止め］

簡単な実験をしてみよう。

俗にいう体当たりだ。体当たりについて宮本武蔵は次のように教えている。

身の当たりは、敵の際へ入り込みて、身にて敵に当たる心なり。

少し顔をそばめ、我が左の肩を出し、敵の胸に当たるなり……

体当たりをする場合は、できるだけ強く弾みをつけ、思い切って入るのだという。そして、この入り方を習得すれば相手を四〜五メートルも吹っ飛ばすことができる。相手を殺すつもりでやれと言っている。

こうなると体当たりも立派な技の一つだ。

さて、この体当たりだが、最初は体当たりをする側ではなく、受け止める側でコツを覚えよう。はじめに、相手の体当たりを両足で踏ん張って食い止めてみる。おそらく、両足に相当の負担がかかるはずだ。精一杯頑張っても、相手に勢いがあれば後方へもっていかれてしまうかもしれない。まさに力勝負の図だ（次頁右列写真）。

次は、できるだけ全身の力を抜き、リラックスして立つ。そして相手がぶつかる瞬間（実はこのタイミングが結構難しいのだが）、膝をカクンと抜いて全体重を相手に預けるようにしてみる。するとどうだろう。相手の勢いはそこで止まってしまうはずだ（次頁左列写真）。こちらのほうは、ほとんど力を入れていないにもかかわらず。

昔から武道の極意は、膝落にあるといわれている。このように筋肉以外の力、つまり重心をコントロールすることによってパワーを発揮する方法があるのだ。

体当たり止め

相手の力を吸収できれば、勢いを止められる。

相手の勢いが強ければ、耐えられず飛ばされる。

相手がぶつかる瞬間に膝の力を抜く膝落。

体当たり

膝落の要領がわかると、身体を密着させた状態でも相手を動かすことができる。

身体の力を抜き、ゆっくり近づく。当たる瞬間に膝落。

この膝落による受け止め方のコツが掴めると、今度は強い体当たりもできるようになる。

［曲げられない腕］

次は「曲げられない腕」をやってみよう。

まず相手側、つまり補助者の肩にどちらか一方の手を乗せる。補助者のほうは、その手を両手で曲げようとする。片手対両手なので、普通に考えれば力関係は一対二だから余程の力がない限り曲げられてしまうだろう。

ところが、これを曲げられないようにする方法があるのだ。

実はこのテクニックは、何も教わらなくてもできてしまう者がいる。また初めはできなくてもちょっとしたコツを覚えると、やはりできるようになる者もいる。「何だ、そんな程度か」と思われるかもしれないが、できない人にとっては、とてつもなく難しいことなのだ。武道のテクニックには、こういうことがよくある。

例えば、筆者は耳を動かすことができる。しかも左右の耳を別々に動かすことができる。これもできる人にとっては実に簡単なことなのだが、できない人にとってはどうしていいのかさえわからないのである。

強い突きの習得に欠かせない「曲げられない腕」

コツがわかると、相当な力が加わっても曲げられない。

人がぶら下がっても、体重が 70 ～ 80kg 程度なら楽に耐えられる。

普通は、肩に乗せた腕を両手で引き下ろされると、堪え切れずに腕は曲げられてしまう。

そこで曲げられない腕のやり方だが、正確には「曲げられない肘」というべきかもしれない。

このテクニックについて、ある人は脱力が大切だという。また、伸ばした腕の指先から気を吐くのだという人もいる。あるいは水が勢いよく放出されているイメージを持つとできるといわれる場合もある。

いずれも間違いではないが、それだけだとなかなか習得が難しいらしい。やはり人間の身体は筋肉によって動くので、どこの筋肉を使うかを理解するほうが効果的なようだ。

腕（肘）を曲げられないようにするためには、肘の内部つまりインナーマッスルともいうべき筋肉を働かせると良い。具体的には肩や腕、手首などの力を抜き、肘の芯の部分のみに力を入れる。そうすると比較的簡単にできる。

肘を曲げられないことにどんな価値があるのか、と思うかもしれない。実は相手を突いたときの衝撃は結構大きいものがあるのだ。当たったとき肘がほんのわずかでも曲がってしまえば、それがクッションになり威力は半減してしまうことを知っておかなければならない。

もっとも、こういう「力」は無敵ではないので、相手が相当の力持ちとか、何人も相手にした場合は曲げられてしまうのは否めない。

よく武道のパワーを神秘的なものと考えている人がいるが、人間の身体は筋肉の働きによって動くため、そのパワーは相対的なものに過ぎない。誰に対しても、あるいはどのような条件でも通用するわけではないのだ。しかしながら、常識的な感覚では信じられないほどの力を発揮することもまた事実である。

［Ｖ字腕伸ばし］

今度は、逆に曲げた腕を伸ばすということをやってみる。

次頁右列写真①のように肘を曲げた状態にしておいて、その腕を前後から強く押さえ付けてもらう。これも補助者側は両手を使うのに対し、こちらは片手である。

ここでは伸筋を意識した身体の使い方がポイントだ。

一般的には、腕を前後から強く押さえられると思わず全身で押し返そうとする。肩が上がって全身が硬直する。いくら力んでも押さえられた腕はびくともしない。普通はこのパターンが多い。

ヒトは、その特性から屈筋が働きやすい習性を持っている。このことは伸筋が本来もっているはずの力を半減させる結果にもなっている。ということは屈筋の働きを抑え、伸筋の力を百パーセント発揮できれば、それだけでパワーは大きくなるはずだ。

では、どうすればいいか。

上腕三頭筋、つまり伸筋だけを働かせるようにするのだ。

伸筋の力を最大限に出す「V字腕伸ばし」

上達すると、二人掛かりで前後から押さえられても、楽に腕を伸ばすことができる。

肘を曲げた状態の腕を、相手は両手で力一杯押さえつけようとするが…。

この動作は力を抜いて腕を伸ばすので、突きのスピードアップに効果的。

身体の使い方を知っていれば、簡単に腕を伸ばすことができる

前章で伸筋と屈筋の関係を書いたが、伸筋と屈筋は常に主動筋と拮抗筋の関係にある。この場合は腕を伸ばす、つまり伸筋が主動筋となり屈筋が拮抗筋となる。だから屈筋の力をできるだけ抑えることがポイントだ（前頁右列写真②）。

どうしてもうまくできない場合は、肘を上に持ち上げるようにやると良い。そうすれば簡単に腕は伸ばすことができる。

ただし、これは伸筋を働かせることが目的だから、単に腕を伸ばせれば良いというものではない。肘を上げてできるようになったら、次は肘の高さを変えないで腕を伸ばせるように稽古することが肝要だ。段々と上達してくると、ほとんど力を入れなくても伸ばすことができるようになる。

【Ｉ字腕曲げ】

「曲げられない腕」と「伸ばす腕」をやったので、次は「伸びた腕を曲げる」ということに挑戦してみたい。

まず左右どちらかの腕を差し出して、その腕を補助者に両手で押さえてもらう。押さえ方は、肘と手首を押さえて曲げられないようにする。

このような態勢になると、伸ばした腕は曲げるのが困難になる。この態勢では、おそらくほとん

I字腕曲げ

手首と肘を押さえられると、普通は腕を曲げることはできない。

肘を支点にして前腕を曲げようとしても難しいが、肩を支点として肘を手前に引けばできる。

どの人は曲げることができないだろう。多少なりとも曲げてあればともかく、完全に伸びきった状態では力の入れようがない。

そこで、ここでは肘を手前に引きつけることで対応するのだ。そうすると簡単に腕を曲げることができる。

何か「コロンブスの卵」のようであり、言われてみればできて当たり前と思われるかもしれないが、この動作で大切なことは考え方を変えるということ。

つまり目的は肘を曲げることで、力で相手を打ち負かすことではない。要は肘が曲げられれば良いのである。

通常、伸ばした腕を曲げるときは、腕相撲のように肘を支点として上腕二頭筋と前腕筋を働かせるが、この場合は肩を支点として肘を引き寄せるのだ。

我々は力を発揮しようとするとき、どこかに支点をつくる。その支点を支えにして筋肉を働かせている。様々な動作は合理的で普遍的な運動でもある。

ところが武道における力の発揮方法は、この肘曲げのように支点の位置を変えるやり方が意外と多いのである。

例えば、後述する「襟掴み投げ」や「手刀打ち落とし」などの腕の動かし方が参考になろう。

肘の位置を移動させるというのは、色々な場面で使われるので覚えておくと良い。

［首絞め外し］

もう一つ伸筋を活用した技（？）を紹介しよう。

補助者に自分の首を両手で押さえつけさせ、それを外すというものだ。

一般的にこういう態勢になった場合、外す側の行動としては、次頁写真①のように外側に引っ張ろうとするのが普通だ。しかし、この方向では屈筋が働いてしまい力が発揮できない。

　どうすれば良いかというと、右掲写真②のように下から上へ押し上げるようにすると外れる。つまり横に引っ張るのではなく上に押し上げるようにするのだ。そうすると意外と楽にできることに気が付くだろう。

首絞め外し

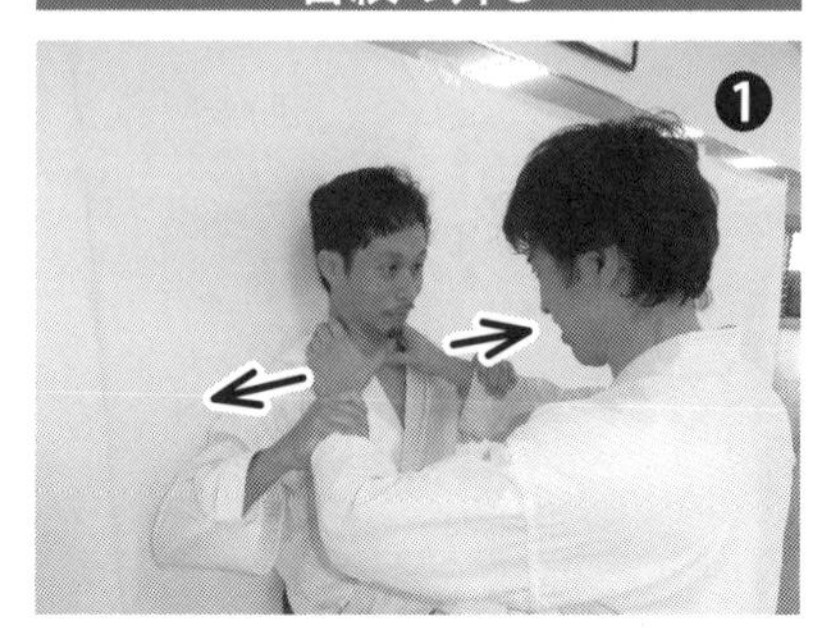

絞めてきた両手を左右に引っ張るが、相手はビクともしない。

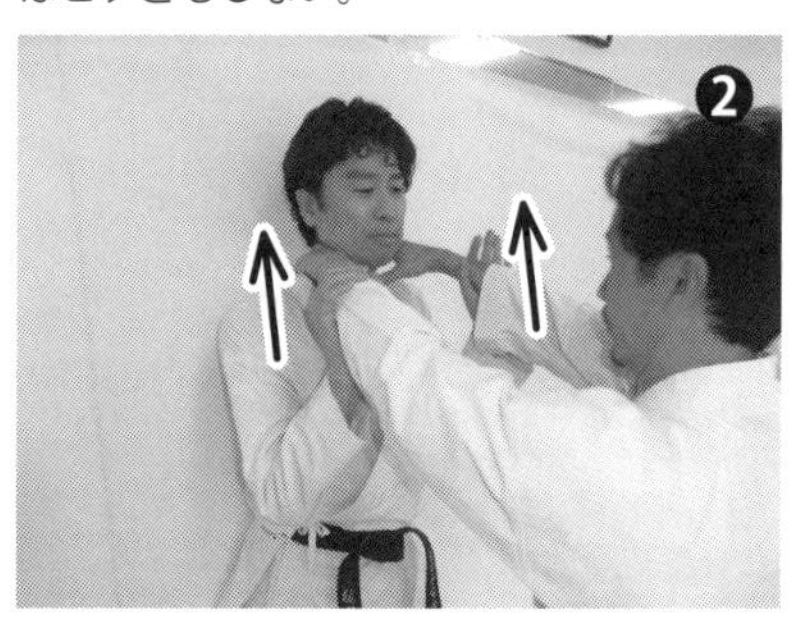

相手の両手を下から押し上げてみる。

ほとんど力を入れずに簡単に外せる。

［腕相撲を強くする］

腕力勝負といえば、代表的なものに腕相撲がある。アームレスリングともいわれているように、最もポピュラーで古典的な競技だ。

腕相撲は肘を固定して行なうため、力と力のぶつかり合いとなる(実際にはテクニックもあるが)。しかも、上腕二頭筋と前腕筋の比重が高い。つまり、伸筋ではなく屈筋が主体の競技だ。ところが、

腕相撲を強くする

普通は、力の強いほうが勝つ。

肘を真下に押し込むようにして、相手の力を下に流すようにする。強く押し込むほど耐えられる。

この屈筋主体の腕相撲でも伸筋を活用する方法があるのだ。

伸筋をうまく活用できると、確実に腕相撲は強くなる。もちろん際限なく強くなるわけではないが、強くなったと実感できるぐらいの変化はあるので、ぜひ試してみると良い。

【襟掴み投げ】

これも伸筋による動作である。

握られた手首から動かそうとするが動かず胸が開いた状態になっている。これでは片手で押さえられても動かせない。

襟掴み投げ

手首は無視して肘だけを前方に出している。胸は開いていない。肘が出せれば、後は前出のV字腕伸ばしの要領で肘を伸ばすと相手は飛んでいく。

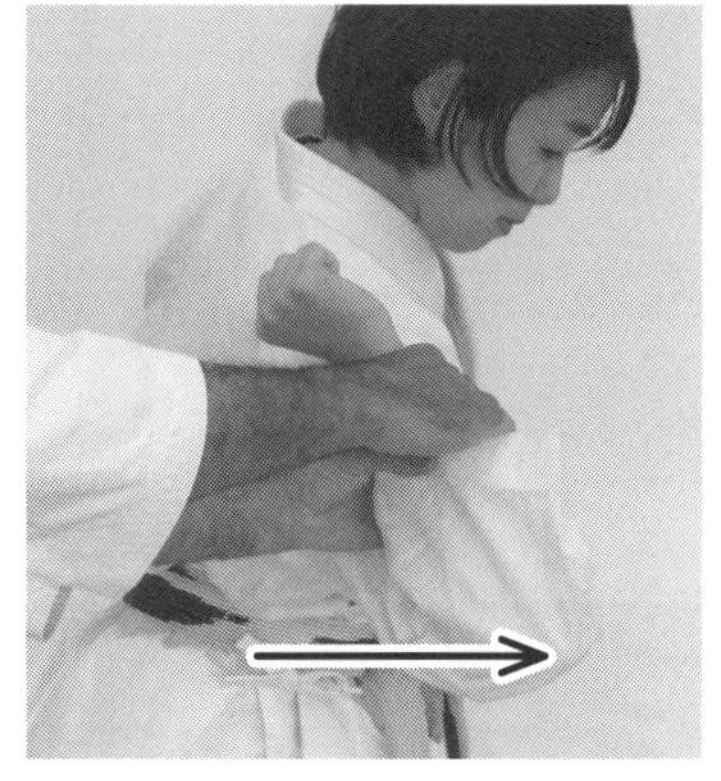

コツは、握られた手首は無視して肘だけを前に出すこと。

初めのうちは、ピッチャーの投球モーションと同じ動作をイメージすればよい。球を投げようとした瞬間、あるいは手刀打ちをしようと手を振り上げた瞬間、その状態で背後から手首を捕まえてもらう。

それでも難なく手を伸ばすというテクニックだ。

この動作をするとき大半の人は胸を大きく開き、腰で腕を引っ張ろうとする。または肩を動かそうとする。しかし、それでは相手はびくともしない。こういうやり方だと、補助者側が片手だけにしても動かすのは難しい。

この動作では肘を意識するのだ。

具体的には、肩を中心として肘だけを前方に動かすようにする。つまり掴まれている手首は無視して肘だけを動かすのである。

そうすると相手は少し動くので、次は先ほどの「V字腕伸ばし」の要領で肘を伸ばしてやればよい。

ただし、これは手加減してやらないと、相手はバランスを崩して吹っ飛んでしまうことがあるから注意が必要だ。

［手刀打ち落とし］

次は、伸筋と脱力を合わせることによってパワーを発揮する方法を試してみよう。

左掲写真①のように手刀を頭上に構える。その手刀を補助者に両手で掴まえてもらう。その状態

手刀打ち落とし

差し上げた片手を両手で持たれた状態。

肘を力まかせに引き下げても、普通はこの段階で止まってしまう。

実戦的な応用としては、ミットへの打ち下ろしがおススメ。

肩と肘の動かし方のコツがわかると、力はほとんど要らない。

から手刀を振り下ろすというものだ。

もちろん相手は、振り下ろせないようしっかりと押さえる。

ここでのコツは、肩で動かすという意識だ。次が肘を引き下ろすという動作。掴まれた手首は無視して肘だけを真下に引き下ろすようにする。つまり縦猿臂（たてえんぴ）、肘打ちである。そうすると、肘は簡単に引き下ろすことができるだろう。

次は（実はここが難しいのだが）、肘を引き下ろしたときの状態では、まだ手が肩の位置にあるはずだ。その手を今度は下まで持っていかなくてならない。大半はこの状態で止まってしまう。それは肩で動かしていないからだ。

そこでコツとしては、肘をやや後方にずらす。そうすると手は少し下がるので、次はV字腕伸ばしの要領で一気に下まで打ち下ろす。腕を振り下ろすには、やはりコツがいるのだ。

さらに大切なコツは、屈筋をできるだけ脱力して伸筋だけを働かせること。つまり上腕二頭筋を極力ゆるめて三頭筋だけを活用するようにするのだ。そうすると肘を後方にずらさなくても意外なほど簡単にできてしまう。

さらに腕の重さを利用するともっと良い。普段は腕の重さなど意識したことなどないかもしれないが、腕には結構な重量があるのだ。その重さを相手に委ねてしまおう。そうすると自分でも「えっ？」と思うほど楽に振り下ろせるようになる。

もともと伸筋には大きなパワーが備わっている。しかし通常は、屈筋も同時に力を入れてしまうため、伸筋の力を自覚できないことが多い。

昔の武道家が大した筋トレもしていないのに大きなパワーを発揮できたのは、身体の使い方を工夫したからに他ならない。それは門外不出の技でもあったのだ。

［透徹力］

これまでの実験から明らかなように、力というものは体の動かし方によって大きく変わる。その主な要因は伸筋の働き方によるものだが、さらに上達すると、重力、つまり身体の重さを利用してのパワーアップも可能となる。

そこで次は、伸筋と重力を合わせたパワーアップのテクニックに挑戦してみよう。今までと比べると少し難しくなるが、コツさえ掴めればさほど難しくはない。

ここでの技のポイントは「肩のロック」と「脱力」である。

まず、補助者にいずれか一方の手を「両手」で掴んでもらう。その状態で拳を真下に向かって突く。補助者側は、それを突けないように全力で食い止める、というものだ。

突く側は思い切り突く。反動を使ってもよい。全体重をかけてもよい。あらゆる工夫をして、と

「透徹突き」習得のための練習方法

両手で掴まれた手を、下に突き下ろす練習。

これも強い突きを習得するための必須条件。

にかく拳を床まで届くように頑張る。結果は……。

おそらくほとんどの人は、床まではおろか掴まれた位置から動かすこともできなかったのではないか。

原因は、肩のロックと重力の活用がうまくいかないことにある。肩のロックは肘のロック（曲げられない腕）と同様、突きの威力に大きく関わりがあるので、しっかりと習得しなければならない。一方、重力の活用は脱力によって初めて可能になる。脱力ができないうちは重力をうまく利用することができないから、腕の筋肉だけの力しか発揮できない。それでは突きを下まで持っていくことはできないのだ。

この辺のコツについては、本章で後述する「脱力による身体の変化」を参考にすると良い。

これができるようになったら、突きの角度を徐々に上げていく。

この稽古では拳を真下に落とすだけだが、実際の相

初心者の場合　うまくいかないパターン

腕の力で押し込もうとするが、うまくいかない。

膝を曲げ、体重を掛けてみるが…。

片足を上げ全体重を掛けても、ビクともしない。

透徹する力は、強い突きの必須条件。

手は前方にいるわけだから、下への突きだけで終わらせてはならない。また強く突こうとすると余計な力が入ってしまうので、その辺も注意が必要だ。

少しずつ少しずつ、レベルを上げていってほしい。

[コヨリで割り箸を折る]

昭和の哲人、中村天風は弟子たちの指導の一環として竹の両端を和紙で吊るし、それを木刀で真っ二つに割るという課題を与えていたという。その目的は、割るという技術的なテクニックの習得ではなく精神修養にあった。つまり強い信念の養成である。

人は信念によってのみ大願を成就できるという。「できるかな、難しいかな」と感じているうちは何もできない。「やってみせる、絶対できる」という一点の曇りもないほどの信念が持てれば、大抵のことは達成できるのだそうだ。

「和紙で吊るしただけの竹が割れるだろうか」「竹が割れる前に紙が破れてしまうはずだ」それが一般の常識だろう。しかし実際は可能なのである。

そこでいきなり竹は無理にしても、紙で作った細長いコヨリで割り箸を折るというものを紹介しよう。

用意するものは、書道などで使う半紙と割り箸だけである。なお、これは身体の使い方というより意識、集中力の領域となる。

このように武道の世界では、意識、集中力、身体の使い方次第でパワーアップできる技術が存在する。そのキーワードは伸筋の活用と脱力だ。

コヨリで割り箸を折る

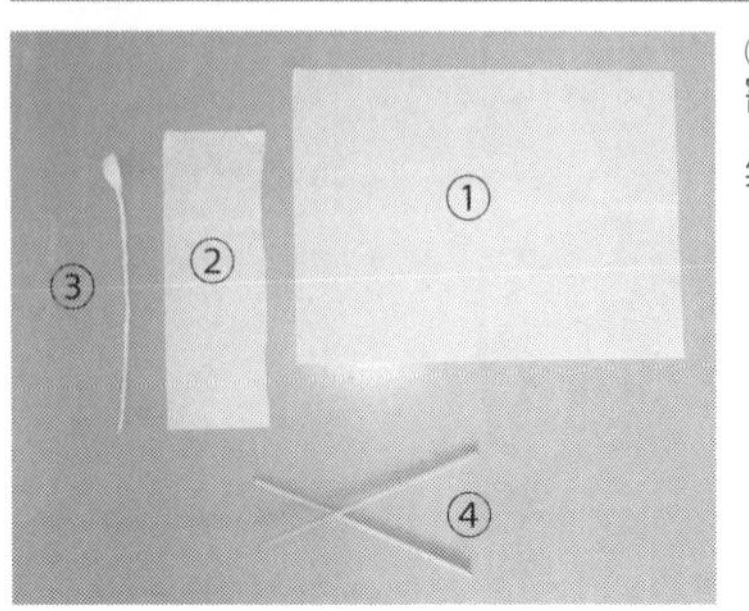

（用意するモノ）
①書道用半紙
②半紙を十センチほどに切る
③半紙で作ったコヨリ
④割り箸

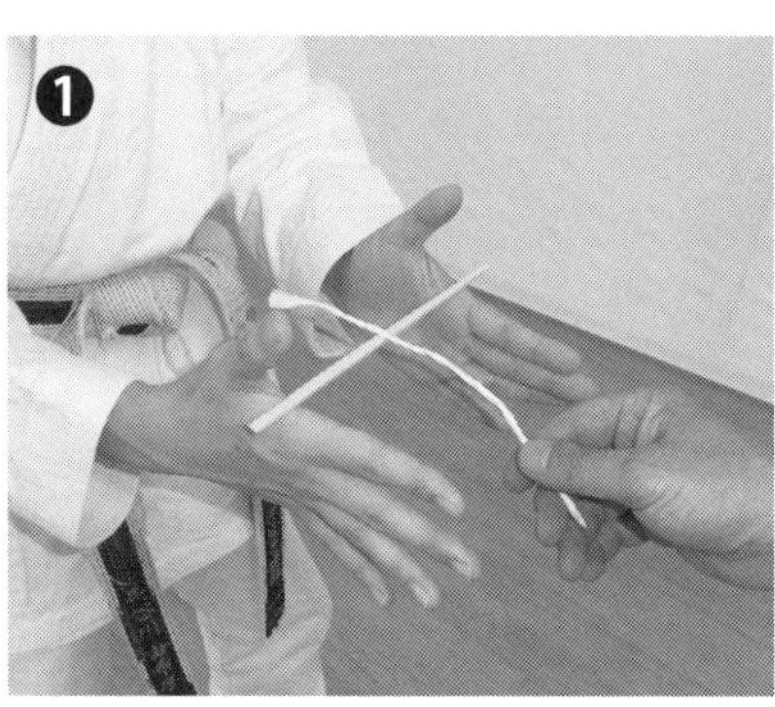

当てる部分を確認。

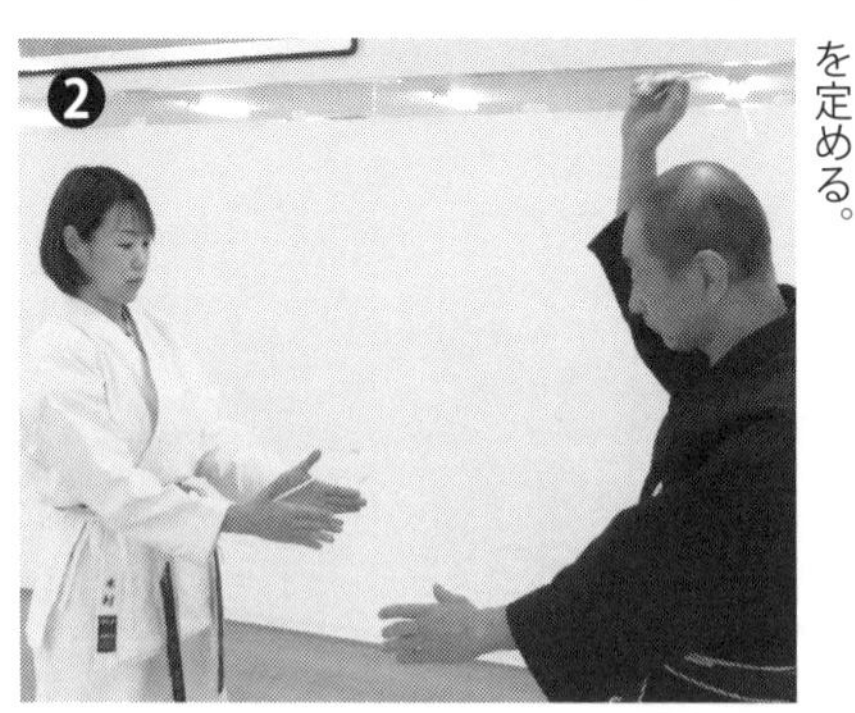

コヨリを大きく振りかぶって、狙いを定める。

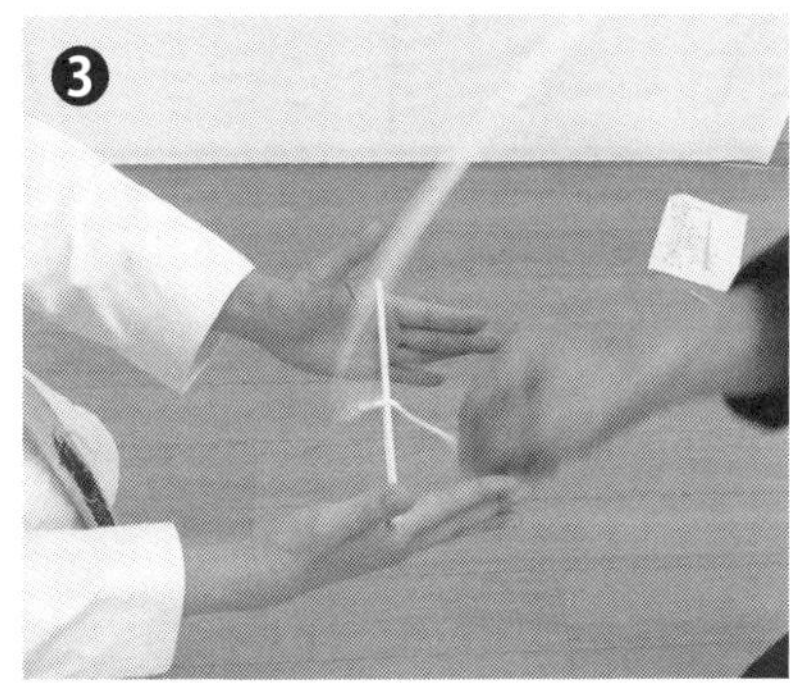

腕の重さを意識して、コヨリを素早く振り下ろす。

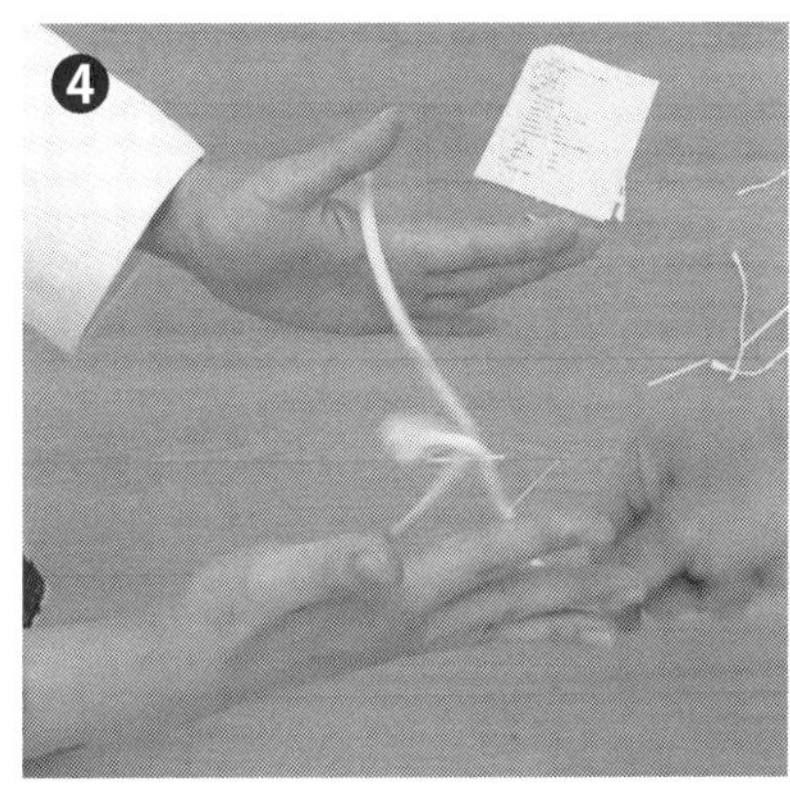

コヨリの圧力で、割り箸がしなっている。

折れた割り箸が落ちていくところ。

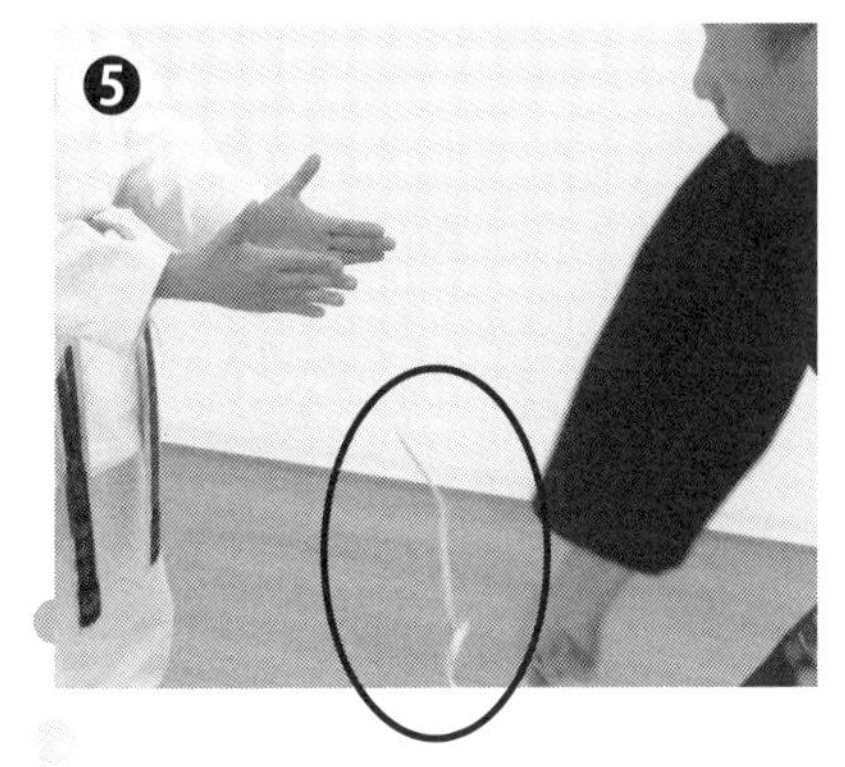

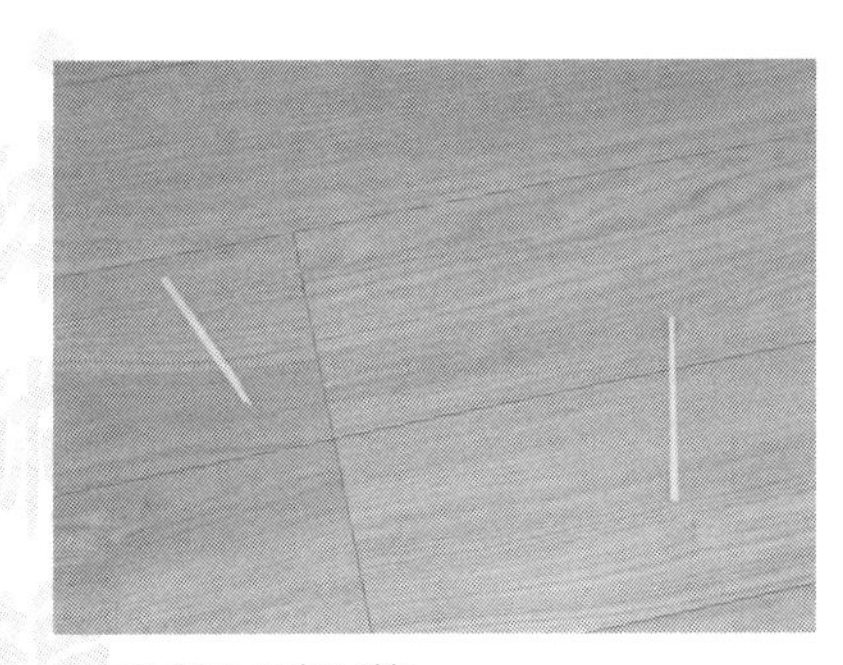

二つに折れた割り箸。

最近は、武道に限らず様々なジャンルで伸筋や脱力について、その有意性が認められるようになった。そのせいか簡単に習得できると思っている者もいるが、大きな誤解である。

一口に伸筋を使うといっても、大抵は屈筋が働いてしまうし、脱力に至っては、真のレベルを理解していないケースがほとんどだ。

身体の使い方を会得するには、相当の困難と根気を要することを覚悟しておいたほうが良いだろう。そうでないと初歩的なレベルでマスターしたような気になったり、反対にいくらやってもできないと諦めたりしかねないからだ。

もう一つ注意したいのは、これらのテクニックは魔法ではないということだ。

確かに習得できれば、驚異的ともいえるパワーは身につく。しかしそれは決して万能ではない。自ずと限界があり、全ての場面で通用するわけではない。

またさらに忘れてはならないのは、これらのテクニックはあくまでも手段に過ぎないということである。

パワーアップをするための筋トレが、いつの間にか筋肉を太くすることに固執してしまったり、あるいは単にパワーアップするだけを目的にしてはならない。いくらパワーアップしても相手に当たらなければ何にもならないのだから。

「先(せん)」を伴わないパワーアップなど、単なる宴会芸に過ぎないことを知っておかなければならないだろう。

［空手における基本動作］

ここで、いくつかの空手の基本動作における、正しい身体の動かし方をチェックしてみよう。

◎正座

武道の世界では、正座がつきものである。しかし、この正座が案外できていない場合が多いようだ。

腰の入った正しい正座。相当強く押されても動かない。

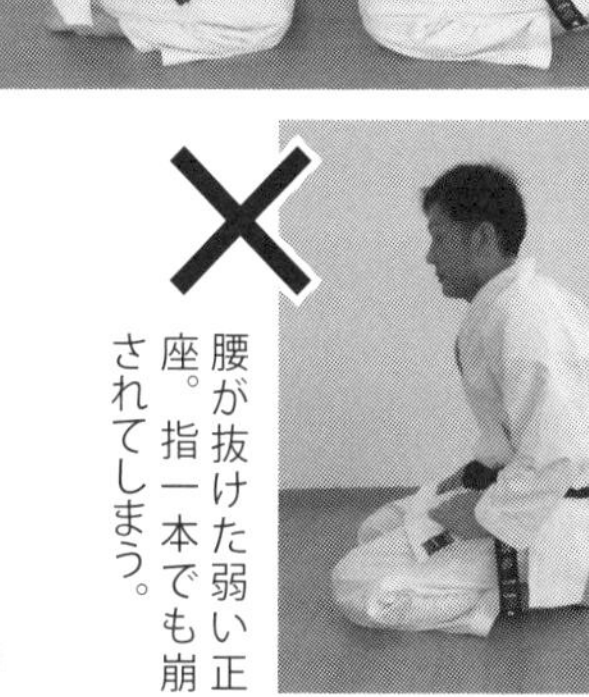

腰が抜けた弱い正座。指一本でも崩されてしまう。

前頁の上写真のように正しく座っていれば、多少強く押されてもビクともしないが、座り方が正しくないと指一本でも倒されてしまう。これを腰抜けという。

◎運足

次に移動の仕方、つまり歩き方である。

歩き方は、全て腰で動くことが基本だ。ところが多くの場合、足で動いていることが多い。大腿四頭筋（太もも）で引っ張ったり、後足で蹴って進んでいるケースが非常に多い。特に後足で蹴っ

前屈立ちによる運足。

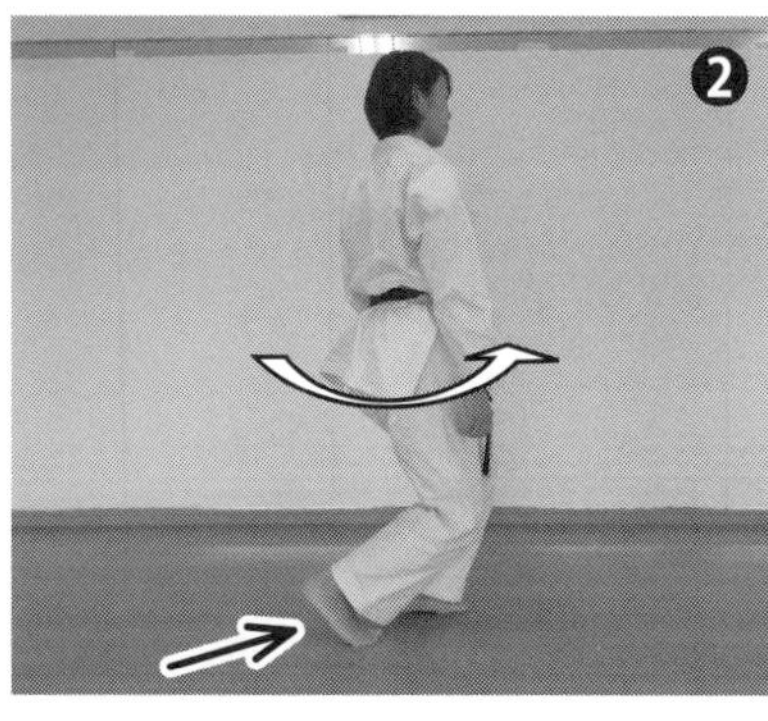

腰で脚を引き付けるように。

腰で脚を押し出すように。

てしまうと身体が上方に動いてしまい、水平移動が難しくなる。

運足がなぜ半円を描くように動くのか、それは金的を常に防御するためとする説もあるが、腰で動けば足は自然と半円を描くようになるのだ。

◎突き

突きで大切なことは威力だが、その威力の源はスピードとロックである。

「第1章　身体と筋肉の関係」では、威力は体重とスピードを掛け合わせたものであると述べたが、実はもう一つロックというコツが必要なのだ。いわゆる極め（キメ）である。

どういうことかというと、突きが当たった瞬間、ロックが掛からないと関節などが曲がってクッションの働きをしてしまう。この一瞬のクッションが突きの威力を半減させてしまうのだ。

中でも腕の関節が弱点といえる。その弱点を補うために力でロックを掛けようとすれば、それはスピードを鈍らせる要因となる。そこでいかに力を抜いて、つまり脱力状態でロックを掛けるかがポイントとなる。

やり方については、肘のコツは「曲げられない腕」を、肩のコツは「透徹突き」の項を参考にすると良い。

蹴りについても同様である。蹴りの威力半減の要因は、足首、膝、股関節の三か所の緩みである。

威力を半減させる原因

肩が押され、クッションとなってしまう。

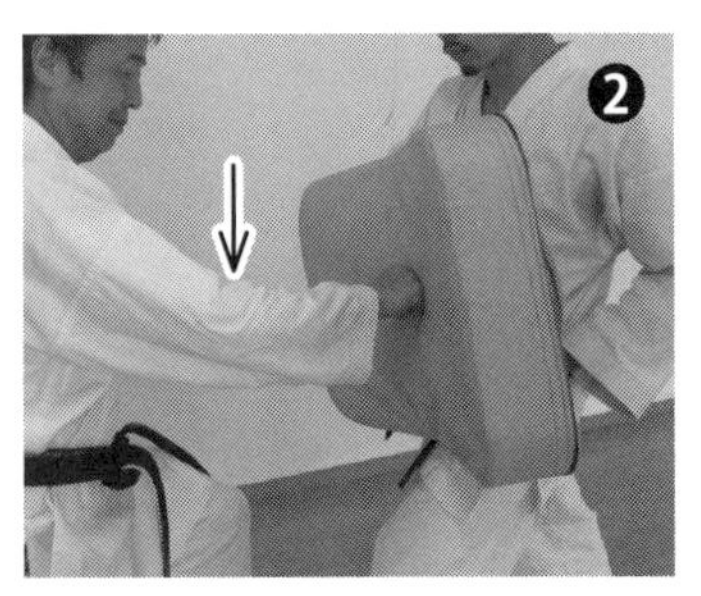

肘のロックが不十分。

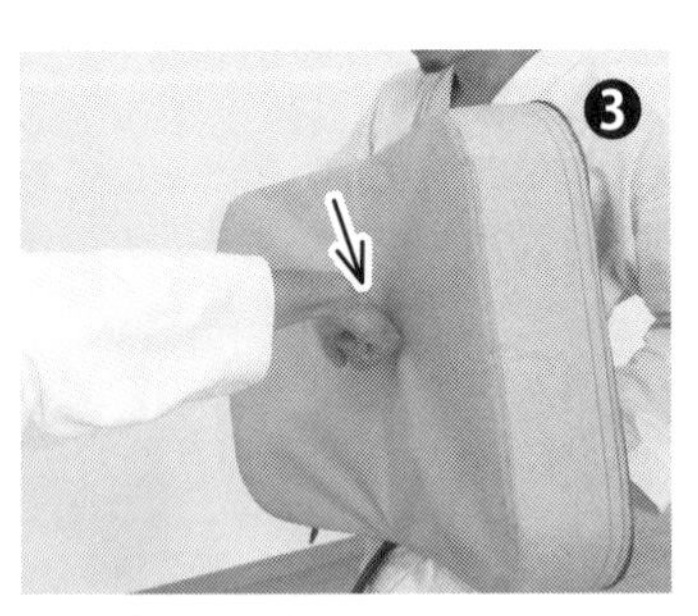

手首が折れ曲がる。

相手が両足を踏ん張っていると、普通は動かないが…。

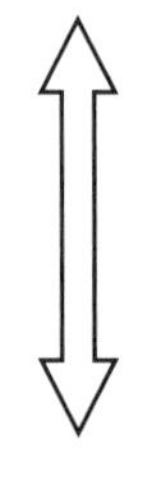

普通の突きと三か所がロックされたときの差。

三点ロックができるだけで、威力は大きく変わる。

もっとも蹴りについては、スピードさえあれば多少のクッション性があってもそれなりの威力は発揮できるが、この三か所にしっかりとロックを掛けることができれば、軽く蹴っても相当な威力となる。

1 水平まわし

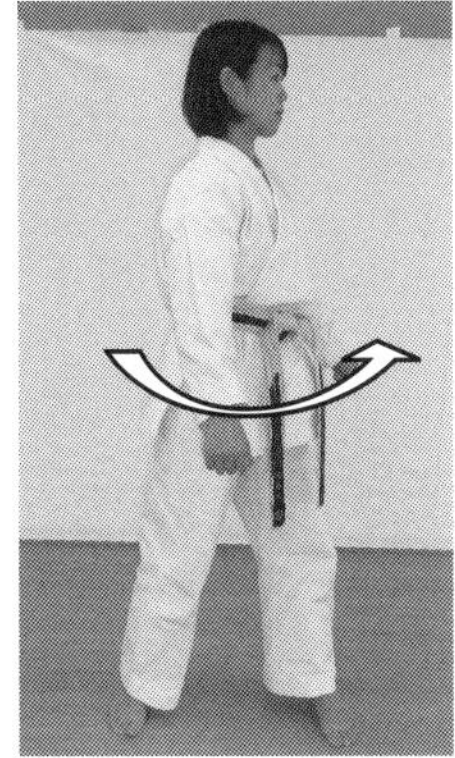

逆突きは、水平回し。

回し蹴りも、水平回し。

2 横まわし

横蹴揚げは、横回し。

3 縦まわし

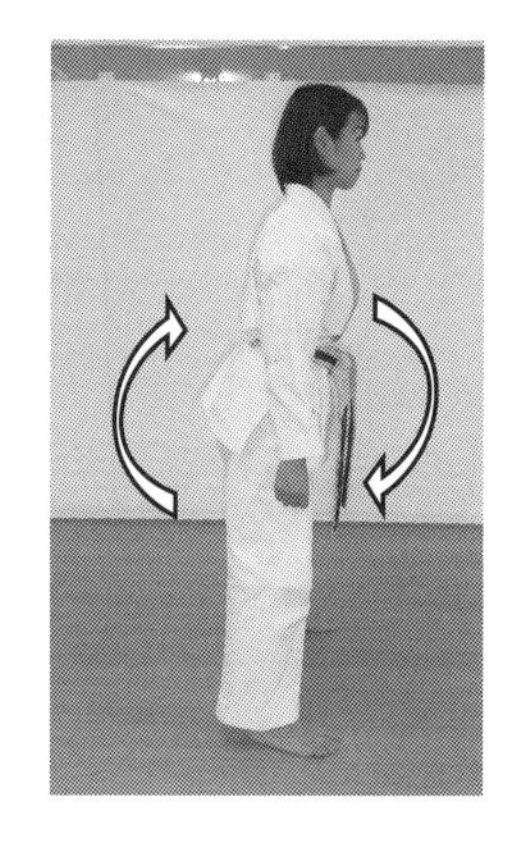

前蹴りは縦回し（逆突きも、縦回しの動きを併用するのが正しい）。

◎腰で動く

空手の動作をする場合、ほとんどが腰の力を使っている。むしろ腰で突きや蹴りを繰り出しているると言っても過言ではない。

そこで腰の使い方を習得するために、基本的な三つの動作を覚えておこう（59〜60頁写真）。

自律訓練法

【自律訓練とは何か】

自律訓練法は、一九三二年にドイツの精神医学者ヨハネス・ハインリッヒ・シュルツによって考案された手法で、わが国に入ってきたのは一九六〇年以降である。

これは考案者が精神医学者であることからもわかるように、心の問題解決を目的として開発されたものだ。現在では主に、ストレス解消や神経症の改善で大いに活用されている。

実は、人間の神経系は大きく二つに分けられる。骨格筋など自分でコントロールできる随意神経系と、内臓の働きや体温調節など自分の意思では変化させられない自律神経系だ。つまり自律神経とは、本来、自分の意思ではコントロールできない領域なのである。

これを自律訓練法では、初めに随意神経系である骨格筋を弛緩させて緊張をほぐし、次に循環系・心臓・呼吸など自律神経系を順番に自己暗示で統制して、精神を安定状態に導くのである。

【筋肉の弛緩がポイント】

この方法は、別名「集中的自己弛緩法」ともいわれているように、筋肉の弛緩、すなわち脱力に非常に効果的だ。また心臓や呼吸なども、ある程度コントロールできることから精神の安定にも大いに役立つ。

平常心は武道における究極のテーマだ。平常心とまではいかなくても、試合で上がらない、緊張しないというのは誰しも望むことだろう。

緊張のため実力を発揮できず、涙をのんだ選手がどれほど多いことか。そうでなくても日本人はプレッシャーに弱い。よく指導者たちは「自信を持て」「リラックスしろ」と言う。しかしリラックスしろと言われてリラックスできた話は聞いたことがない。

「深呼吸しろ」というのはまだ良い。それは身体に働きかけるからだ。心と身体は密接な関わりがある。そのため心をコントロールしようと思ったら、まず身体をコントロールすることだ。

このことについては後述するが、その大前提となるのが脱力なのだ。そういった意味からも自律訓練法は大変参考になる。

そこで訓練の方法だが、具体的には次の七段階で構成されている。

①準備公式（安静感）……気持ちが落ち着いている
②第一公式（重量感）……腕、足が重たい
③第二公式（温暖感）……腕、足が温かい
④第三公式（心拍調整）……心臓が静かに規則正しく打っている
⑤第四公式（呼吸調整）……楽に呼吸している
⑥第五公式（腹部統制）……お腹が温かい
⑦第六公式（頭部統制）……額に心地よい涼しさを感じる

［心構えと準備］

この訓練は、自己暗示という方法により心身をコントロールするものだ。

自己暗示とは、自分をある状態にいると思い込ませることでもある。したがって訓練中に自分の状態を疑問視したり、試そうとしたりしてはいけない。ただゆったりと構えて、何となく「そんな気」がしてくれればそれで良い。

始めるにあたっては、できるだけリラックスしやすい状況をつくる。

例えば身体を締め付けるベルトや時計は外しておくとか、トイレなどを済ませておいたほうが良い。簡単に終わる仕事なども片付けておくと、よりリラックスできるだろう。もっともこれらのことは訓練が上達するにつれて気にならなくなるので、あまり神経質になる必要はない。

【姿勢】

訓練を行なう姿勢は、仰向けに寝る場合と椅子に腰掛ける場合がある。椅子は固い事務用のものでも良いし、ソファでも良い。

この二つの姿勢では、仰向けがやりやすいとされているようだが、筆者の場合はソファが一番やりやすかった。というのも、寝た姿

自律訓練の仕方

慣れないうちは、ベルト等身体を締め付けるモノは外しておいたほうが良い。

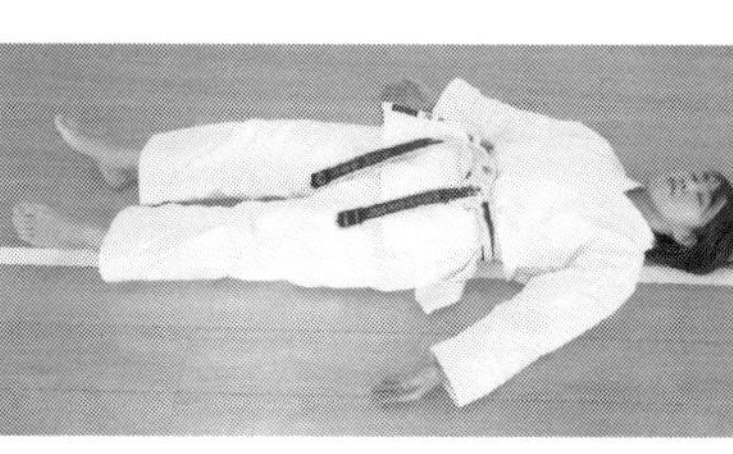

仰臥の姿勢

勢だと疲れているときなど、つい寝入ってしまうことが多かったからだ。

逆に第一公式のうち、足が重くなる感覚については、椅子だと感じにくいかもしれない。

いずれにしても、そのときの状況によって使い分けるのは差し支えない。

［開始と終了］

訓練を始めるにあたっては、眼を閉じてできるだけ身体の力を抜きゆったりとすること。このとき身体のあちこちをチェックし、脱力できているかどうか確認する。

自分では脱力しているつもりでも、案外できていないことは多い。この自己観察力が武道では重要なのだ。

次に公式の「言葉」によって自分に暗示をかける。これもすぐには実感ができないので、焦らず待つという気持ちも大切だ。

終了するときは、両手両足を伸ばしたり少し身体を動かした後、深呼吸しながら静かに眼を開ける。これを覚醒という。この覚醒動作は必ず行なう。

［時間と回数］

一回当たりにかける時間は、三十秒から一分が基本といわれている。

だが短時間だと、早く暗示をかけなければと焦ってしまうケースもあるので、あまりこだわらなくても良い。三～五分が適当という説もある。要は、本人が集中できる範囲で行なったほうが効果的なようだ。

訓練が進むにつれ公式のテーマも増えるため、二十分くらいはかかるようになる。

行なう頻度は、一日三回くらいは実施したい。これは訓練だから気の向いたときやるのではなく、なるべく定期的に休まず行なうことが望ましい。まとまった時間が取れる場合は、一度に長く続けるのではなく、三分くらいやったら一度覚醒して、あまり時間を空けずに三セットほど繰り返すのも効果的といわれている。

■準備公式　「安静感」……気持ちが落ち着いている

さて、それではいよいよ訓練を始めるが、最初は準備段階だから、ゆったりとした安静感が得られれば良い。

まず目を閉じてゆっくりと深呼吸を行なう。呼吸は腹式呼吸だ。そして「気持ちが落ち着いている……落ち着いている……」と暗示する。

武道などをやっていると、こんなとき雑念を払って「無」にならなくてはいけないと考える者もいるが、それは必要ない。

無になろうとすると強迫観念が働く。そうするとかえって雑念が出る。これは身体をコントロールする訓練だから、雑念は雑念として気にしなくて良い。そうすれば自然と雑念はなくなってくる。意識を呼吸に向け、「気持ちが落ち着いている」と繰り返すだけで良い。

■第一公式　「重量感」……両腕が重たい

次は、手足の重い感覚を掴む訓練だ。準備公式では単にのんびり構えるだけで良いので、それほど難しく考える必要はないが、ここからは具体的な感覚を感じ取らなければならない。そういった意味では第一公式からが訓練のスタートともいえる。

まず決められた姿勢で気持ちを落ち着かせたら、次に両腕の重さを感じ取れるようにする。

「気持ちが落ち着いている……気持ちが落ち着いている……両腕が重たい……両腕が重たい……」

普段は、あまり腕の重さなど意識したことなどないだろうから、当初は実感しにくいかもしれないが、この訓練で身体を観察する習慣ができると、第二公式以降の要領がわかるので、ぜひクリアしてほしい。

特に武道における脱力の感覚は、この第一公式が最も役に立つ。

うまくいかない場合は、両腕ではなく右腕（利き腕）から始めても良い。

また、呼吸に合わせて行なうのも有効な方法だ。息をゆっくり吐きながら、その息に合わせて身体が重くなるようなイメージをする。そうすると、吐く息と共に「ズ〜ン」と身体や腕が沈み込んでいくような感じがしてくるはずだ。

腕ができたら、脚も同じように行なう。先ほども言ったように脚の場合は、座った姿勢よりも寝ていたほうが、やりやすいかもしれない。

「気持ちが落ち着いている……右腕が重たい……左腕が重たい……両腕が重たい……両脚が重たい……両脚が重たい……」

この第一公式をマスターするまでの期間は、人によって大きく異なるため一概にはいえないが、おおよその目安として一週間から一か月程度を見込んでおくと良いだろう。

以降、順次公式を増やしていくのだが、進捗の度合いは人によって異なる。またマスターしやすい公式や、反対にいくらやっても実感が湧かない公式もある。

何よりも専門家の指導を受けるのではなく独学でやるのだから、多少の回り道は覚悟しておいたほうが良いだろう。

■第二公式「温暖感」……両手、両足が温かい

第一公式がクリアできると、すでに手足が温かくなってきている人もいるだろう。

これは筋肉が弛緩して毛細血管が広がるため、血流が良くなるからだ。

この公式は冬の寒いときなど条件によっては、やりにくい場合もある。そういうときは手袋をしたり毛布を掛けるなど、人為的に手足を温かくしても良い。

「気持ちが落ち着いている……両腕が重たい……両脚が重たい……両手が温かい……両手が温かい……」

両手ができたら足も行なう。

「気持ちが落ち着いている……両腕・両脚が重たい……両手が温かい……両足が温かい……」

この温かいという感覚は、単なる思い込みではなく実際に生理的な変化を伴う現象である。つまり血管の収縮や拡張は不随意筋といって、自分ではコントロールできない自律神経の働きによるものだが、それが訓練次第で、ある程度操作が可能になるのだ。

ちなみに第二公式は、冷え性や不眠症の解消に絶大な効果がある。

■第三公式「心拍調整」……心臓が静かに規則正しく打っている

この第三公式も、第一公式がマスターできると、その段階で脈拍数も減少していることが多い。しかし、日常生活で心臓の鼓動に注意する場面などあまりないだろうから、実感するには多少時間を要する。

そこで最初のうちだけは、胸に手をあててやるのも良いだろう。慣れてくれば、手を離しても心臓の鼓動がはっきりと感じられるようになる。

この訓練の目的は弛緩を高めることにあるので、心臓をことさらゆっくりさせる必要はない。禅僧やヨガの修行者の中には心拍数を操作できる者がいるが、ここでの目的はあくまでもリラックス感の習得だ。

専門家によっては、第一公式の段階ですでに心臓の活動は変化するため、第三公式は不要とするケースもある。

「気持ちが落ち着いている……両腕・両脚が重たい……両手・両足が温かい……心臓が静かに規則正しく打っている……」

■第四公式　「呼吸調整」……楽に呼吸している

「気持ちが落ち着いている……両腕・両脚が重たい……両手・両足が温かい……心臓が静かに規則正しく打っている……楽に呼吸している……」

自律訓練の中で、唯一自分でコントロールできるのが呼吸だ。そのため、かえって意識しすぎて呼吸が乱れる場合がある。

「百足」と書いてムカデと読む。

あるとき、カブト虫がムカデに向かって「ムカデ君、君は足がそんなに、たくさんあるのにどうしてうまく歩けるんだい？」とたずねた。

ムカデは「6本足の君たちには難しいだろうね」と言いながら、得意げに歩き始めたところ、とたんに足がもつれてしまったという。

普段、何気なくしている動作でも意識したとたん、ぎごちなくなってしまうのはよくあることだ。もっとも、この段階までくれば、もう呼吸は相当楽になっているはずだ。後は自然に任せて、次に進めばよい。

■第五公式　「腹部統制」……お腹が温かい

これは、第二公式で行なった温感を腹部で感じるようにするものだ。場所は、みぞおちと臍の中間辺りと考えればよい。そこは太陽神経叢（たいようしんけいそう）といわれ、自律神経が集まっているところでもある。

ここから太陽のコロナのように神経が四方の臓器に向かって伸びていることから、そう呼ばれている。

「気持ちが落ち着いている……両腕・両脚が重たい……両手・両足が温かい……心臓が静かに規則正しく打っている……楽に呼吸している……お腹の辺りが温かい……」

■第六公式　「頭部統制」……額に心地よい涼しさを感じる

ヒトの身体には、およそ五〜六リットルの血液が流れていて、約二十秒ほどで一回りするといわれている。それがスムースに流れていれば問題ないが、所々で滞留することがあるらしい。中でも一番滞りやすいのが頭と腹だそうだ。

頭に血が滞ると、ノボせ状態となりフラフラする。その対策法としても自律訓練は大いに役立つ。腹式呼吸で重感、温感訓練を行ない、筋肉を弛緩させ血流をよくすれば、それだけでも　ノボせは解消できるが、合わせて頭部も統制できれば、いわゆる頭寒足熱となり集中力も増すというものだ。

「気持ちが落ち着いている……両腕・両脚が重たい……両手・両足が温かい……心臓が静かに規則正しく打っている……楽に呼吸している……お腹の辺りが温かい……額に心地よい涼しさを感じる……」

温かいという感覚は、リラックスすれば自然と感じられるが、涼しいというのは意外と難しい。その場合は、高原でさわやかな風が吹いている情景をイメージしたり、訓練前に額を水で少し濡らしておくというのも一つの方法だ。

【自律訓練法の効果】

武道における究極の目標は平常心である。平常心には脱力体が不可欠だ。しかし脱力と一口にいっても、本当に脱力体を会得するのは容易ではない。技やコツと違って脱力のための効果的なメソッドは、あまり見当たらないのが実情だ。

今回、自律訓練法を取り上げたのは、脱力を効果的に体感できる方法としてだが、さらに心をコントロールするには、身体をコントロールしたほうが効果的だという考え方による。瞑想中の禅僧の脳波パターンが変化することは周知のとおりだが、自律訓練の熟達者の中にも同様の変化が見られるという。

習得に必要な期間は早くて二ヶ月、遅くても半年程度が目安だ。もちろん練習頻度や個人差はあるが、長続きさえすればそれほど困難な訓練ではない。「継続は力」である。

なお自律訓練法は精神療法が目的だが、生理的変化を伴う。

そのため特定の疾患がある場合は、その部分に関わる公式は除外したほうが良いといわれている。例えば心臓の悪い人は第三公式を、喘息は第四公式を、糖尿病では第五公式を、各々飛ばして行なうことが勧められている。

本書は、この分野の専門書ではない。そのため、もっと詳しく知りたい場合は、市販の専門書なり医師に相談すると良い。筆者が参考にした書籍を左記に挙げておく。
「能力開発　自己催眠による能力開発法」高岡正著　経林書房
「自律訓練法の実際　心身の健康のために」佐々木雄二著　創元社

脱力による身体の変化

【関口柔心の不動体】

関口流柔術の開祖、関口柔心は江戸時代の柔術家だ。柔術家といっても昔は武芸十八般といわれ、柔術だけではなく剣術、槍術、弓術、砲術、馬術などあらゆる武術を修めなければ一人前の武芸者とは認められなかった時代である。

柔心は、まぎれもなく武芸者であった。そして一徹者でもあった。

柔心は、大和郡山城本多家に仕えていたが、己の信念のため脱藩し紀州徳川家に召抱えられるという経歴をもつ。江戸時代、脱藩は死罪だ。そのことで本多家と紀州徳川家がもめている。

柔心については次のような逸話がある。

ある会合のとき、刻限より少し早く着いた柔心は案内されるまま席に座っていた。そこへ後から来た武士が「そこは下座、関口殿はもっと上座でござる。あちらへお移りくだされ」と勧めた。

しかし柔心は「武士たる者、一度定めた席を軽々に動くわけには参らぬ。お気遣いは無用でござる」と言って頑として動こうとはしなかった。

押し問答の末「それでは力ずくでお移りいただくがよろしいか」

「どうぞ、ご随意に」

ということになり、その武士が柔心を抱え上げようとしたところ、重くて持ち上がらない。そこで周りの同僚も加わり三、四人で持ち上げようとしたが、まるで腰から根が生えているようでビクともしなかったという。

この話は史実ではないが、このような技（?）は現代でも見られる。

［持ち上がらない身体の実際］

なぜ、このような現象が起きるのだろうか。

理由はいろいろあるが、ここでは実際に体験してもらったほうが良いだろう。少しぐらいなら、誰でも重さを変化させることができる。簡単な方法なので試してみると良い。

まず一人を自然体の姿勢で立たせる。それを背後から抱きかかえて垂直に持ち上げてみる。六、七十キロ程度の体重なら軽く持ち上がってしまうだろう。

次に立たせた相手に身体中の力をできるだけ抜いてもらう。といっても、すぐにはできないだろ

持ち上がらない身体の実際

背後から抱え上げようとするが、持ち上がらない。

上達すると、両脇から二人掛かりで持ち上げても動かない。

うから、具体的には、まず両肩の力を抜かせる。

次いで、腕に力が入っていないことを確認しながら、腹筋を緩めさせる。

それから膝を少し曲げた状態にし、足の裏に意識を集中させる。

そうすると、徐々に体重が床に向かって増していく感じがしてくるはずだ。

考えてみれば、足裏のわずかな面積に全体重が集中しているわけだから、その部分は相当の圧力が掛かっている理屈だ。日常生活では自分の体重など意識したことはないだろうが、実際には何十キロという重さが両足にかかっているのだ。だから脱力して注意を足の裏に集中すると、床からの強い圧迫感を感じ取ることができる。

こうして相手が自分の体重を実感できたことを確認したら、先ほどと同じように持ち上げてみる。するとどうだろう。

相当重くなっているはずだ。もしかしたら持ち上がらないかもしれない。

とはいっても体重が増えるはずはないから、体重計で測っても目盛りに変化はない。しかし重くなったことは事実である。

よく死体は重いという。死体はともかく寝た子や泥酔者は重い。つまり意識のない状態にあるとき人間は重くなるのだ。筆者は以前、前後不覚の酔っ払いを介抱した経験があるが、あまりの重さに手を焼いた記憶がある。

これらの事実からも明らかなように、我々の身体は全身の力を抜いてしまうと重くなる。だから関口柔心の逸話は作り話でも誇張でもない。ストーリーはともかく、持ち上げられなかったという話は容易に理解できる。

［キーワードは脱力］

ここでもキーワードは「脱力」だ。

脱力というと、リラックスした状態のことである。

脱力とは、身体中の筋肉を弛緩させグニャグニャにすることだと思いがちだが、そうではない。筆者も初めの頃は、コツが掴めず悩んだ時期があった。しかし考えてみればわかるように、全ての力を抜いてしまったら立っていることもできないはずだ。

要は余分な力を抜くこと、その上で必要最小限の力は維持しておく。立っているとき特別な力を入れていないのと同じ感覚だ。

もっとも、人によっては身体が持ち上がらなくなることにどれほどの価値があるのか、という疑問を持つ者もいるかもしれない。相撲や柔道ならまだしも、最近の格闘技のようにフットワークを駆使した戦法をとる選手にとって、重い身体はそれほど意味はないと考える向きもあろう。

確かにそれも一理ある。しかし身体に余計な力が入っていると重心が上がってしまう。重心が高いと足下が不安定で、素早い動きができない。重心は低いほうが身体は安定し、自在な動きが可能となるのだ。また、武道におけるパワーは筋力によるものではなく、身体の使い方にあるとは前に述べたとおりである。

【武道家の身体】

そこで、もう一度、武道に必要な身体について考えてみよう。

武道は、死と切っても切れない関係にある。もし死と無関係であれば武道は成立しなかっただろう。

ただ、ここに一つの誤解がある。

「武士道とは死ぬことと見つけたり」という。そのため外国などでは、武道と武士道を混同している場合が多い。最近は日本人の間でも区別ができなくなりつつあるようだ。

武士道の死は、主君に対する忠誠の証で死ぬところに意味がある。一方、武道におけるそれは死を超越することにある。

具体的にどこが違うかというと、主君のために死ぬのはどんなに怖くても、たとえば身体が震えていても己の意志さえしっかりしていれば実行できるが、武道の場合は、身も心も平常心でなければならない。同じ死であっても、その目指すものは大きく異なるのだ。

ところで身も心も平常心というが、身の平常心とはどういう状態をいうのだろうか。

一言で言えば脱力である。

脱力には二つの目的がある。一つは緊張感の排除だ。ヒトは緊張すると筋肉が硬直する。当然、動きがぎごちなくなる。だからリラックスしろ、緊張するなという。しかし前述したように、リラックスしろと言われてリラックスできれば苦労はない。

緊張とは心の問題である。心の問題を解決するには、心に直接働きかけても効果は小さい。身体を活用するほうが心をコントロールできるのだ。

脱力のもう一つの目的は、超人的ともいえるパワーの発揮だ。超人的というと少し大げさだが、筋肉だけが力の源という固定観念しかないと理解できない現象も多い。

そもそも昔の日本人には、筋肉を鍛えるという発想があまりなかった。そこで工夫されてきたのが身体の使い方である。特に刀という世界でも最高の切れ味を誇る武器を中心に発展してきた武道には、パワーはそれほど重要ではなかったといえる。

大切なのは技であった。つまり技=身体の使い方となり、それが結果として大きなパワーの獲得につながっていったのである。

第3章 身体のコントロール・呼吸法

体術編

呼吸法の歴史

[達人はカカトで呼吸する]

もう一つ、武道で忘れてはならないものに呼吸がある。

以前、剣道の達人といわれている人たちがなぜ強いのか、科学的に解明しようとした話を何かで読んだ記憶がある。

大学の研究機関だったと思うが、剣道の高段者の動きを様々な角度から分析を行なった結果、攻めるタイミングは必ず相手が息を吐ききった瞬間であったという。つまり息を吸うときこそが隙だということが明らかになったのだ。

ところが、この結果を報告にいったとき、ある剣士から「そんなことは常識です。そのため、真の達人は隙を見せないように踵で息をすると昔からいわれているのです」と一笑に付されてしまったという。

せっかく現代科学の粋を集めて解明した強さの秘密も、剣道の世界では当たり前のことであったのだ。

実は、踵で呼吸するという話は、紀元前からすでにあった。

中国の思想家、荘子は**「真人の息は是を息するに踵（きびす）を以ってし、衆人の域は是を息するに喉を以てす」**と言っている。

もちろん物理的に踵で息をすることなど不可能だが、剣道に限らず呼吸の重要性については改めて説明するまでもない。ところが最近は、この大事な呼吸について教えられる指導者が少なくなったようだ。

いや、呼吸法については様々なやり方があり、指導する団体も数多くあるのだが、大半が健康法のためのものである。空手などの稽古の一環として実践されているのは、あまり見たことがない。おそらく読者の中でも、体系的に呼吸法の指導を受けた者は少ないのではないか。

［ゴータマ・シッダールタの悩み］

紀元前五百年頃、ゴータマ・シッダールタ（釈迦）はインドのシャカ族の王子として生を受けた。小国家とはいえ王族の一人である。身分制度の厳しい国にあって、ゴータマは何不自由なく暮らすことが保証されていた。

だが一方では、城門を一歩出てみれば貧困にあえぐ民衆が路上にあふれている。満足な食べ物もないため餓死する子供も多く、病人はただ死を待つばかりだ。人々は争い、わずかな富を奪い合う。それに比べて小鳥たちの世界の何と平和なことか。明るい太陽の下、大空を自由に飛び回り、食料となる木の実は豊富だ。身分の上下もなく皆いきいきと生を謳歌している。

人はなぜ生まれてきたのか。幸せとは一体何なのか。若きゴータマは悩み、そして生老病死という人生の苦悩から逃れるため出家を決意する。ときに二十九歳であった（出家を決意した直接のきっかけは、女性に対する煩悩が原因だったともいわれる）。

しかしながら、出家したからといって問題がすぐに解決するわけもない。決意と期待を持って出家したものの相変わらず死への恐怖はなくならず、国民は貧困に苦しんでいる。ゴータマの悩みは一層深くなった。日夜悩み続けた結果、とうとう身体を壊してしまう。

禅病というのがある。これは厳しい修行に耐え切れなくなった精神が変調をきたし、心身がおかしくなる状態をいう。いわゆるノイローゼだ。ゴータマも同じような病にかかってしまった（禅そのものは、ゴータマの死の千年後に中国の達磨大師によって始められた）。

眼は充血し、身体は絶えず揺れ動いている。動悸も激しく、わけもなく冷や汗が流れる。手足は氷のように冷たく、幻覚が絶え間なく襲いかかってくる。

そこから逃れるには、修行をやめなければならない。しかし修行をやめてしまえば、心の平穏は永遠に得られない。

進退窮（きわ）まったゴータマは、ある日、アナパーナ・サチという特殊な呼吸法を知る。そして救われるのである。

「お釈迦様は呼吸で悟りを開いた」

呼吸法を得たゴータマの修行は急速に進む。数年後、中インドのブッダガヤーという所の菩提樹（ぼだいじゅ）の下で深い禅定（ぜんじょう）（瞑想）に入り七日目の朝、忽然（こつぜん）と悟りを開く。

お釈迦様の誕生である。

医師であり調和道協会の第二代会長でもあった村木弘昌氏によれば、呼吸法こそが人間ゴータマを仏釈尊に変えた大きな理由だという。

ブッダガヤーの菩提樹

アナパーナ・サチという呼吸法を知ったお釈迦様は、その後工夫を重ね、現在の丹田呼吸法の原形を作った。それは「大安般守意経」という経典にまとめられている。

安般守意というのは「心を込めた呼吸」という意味で、内容を要約すると「出る息は長く、心をこめよ。吸う息は短く、この呼吸を頼りに、真理に気づけ」ということらしい(「健心・健体　呼吸法」村木弘昌、祥伝社より)。

ところが、この有意な教本であるはずの大安般守意経は、あまり注目されていないのだそうだ。

お釈迦様の教えは、代々弟子たちによって経典としてまとめられ、悟りを得るための修行法も様々な形で伝承されている。その結果、数が増えすぎて呼吸法がうずもれてしまったのかもしれない。

格闘技でも強くなるために、いろいろな方法が編み出されている。それらを見ると直接的な方法は広まりやすいが、間接的な場合は地味なものが多く人気が出ない傾向にある。

また、楽な方法より厳しい稽古のほうが充実感もあるし、複雑なやり方はいかにも効果的な印象を与える。しかし案外と、真理は単純な場合が多いのだ。ただ継続が難しい。

【白隠の呼吸法】

お釈迦様が開発した呼吸法は、仏教と共に日本にも伝来することになる。

中国天台宗を日本に伝えたのは最澄だが、天台宗には摩訶止観（まかしかん）や天台止観という仏書がある。止観とは、心を一つの対象に集中させ、雑念を止めるという意味だ。

その摩訶止観などを参考に、呼吸法を大衆的なメソッドとして広めたのが白隠（はくいん）だといわれている。

白隠は江戸中期の禅僧で、臨済宗中興の祖とまでいわれている人物だ。

白隠については数多くの本が出版されていて、「遠羅天釜（おらてがま）」などは現代でも愛読者が多い。

そこに記載されている内容は、「内観の秘法」や「軟酥（なんそ）の法」という養生法で、一種の自己暗示療法ともいえる。やり方は前述の自律訓練法に非常によく似ている。

ただ、具体的な呼吸法ついては記述がないのでわからないが、村木氏によれば次のようであったらしい。

①ハッ・ハッ・ハッと力強い短息を七回繰り返す。
②長息に移る。長息は十回息を吐くが、一回目は「内観の四則」（※）を十回繰り返す長さ、二回目は七回繰り返す長さ、以下順々に短くしていき、八回目は一回だけ想念する長さを吐く。九回、十回は半分だけ想念する長呼気。
③長息が終わったら最後は短息を七回繰り返す。
④以上を繰り返す。

※内観の四則
我がこの気海丹田（きかいたんでん）　腰脚足心（ようきゃくそくしん）　総（そう）に是れ我が本来の面目
我がこの気海丹田（きかいたんでん）　腰脚足心（ようきゃくそくしん）　総（そう）に是れ我が本分の家郷（かきょう）
我がこの気海丹田（きかいたんでん）　腰脚足心（ようきゃくそくしん）　総（そう）に是れ我が唯心（ゆいしん）の浄土
我がこの気海丹田（きかいたんでん）　腰脚足心（ようきゃくそくしん）　総（そう）に是れ我が己身（こしん）の弥陀

（「健心・健体　呼吸法」村木弘昌、祥伝社より）

これが白隠の呼吸法だ。

この呼吸法を日常的に繰り返すことで、あらゆる病気が快癒するという。そして、もし治らなければ自分の首をやるとまで白隠は断言している。

しかし呼吸法は仏教だけの専売特許ではない。古神道にあっても呼吸法は重要な位置を占めており、わが国の思想にも多大な影響を与えている。

白隠肖像図

こういった丹田とか呼吸法あるいは気などという、いわゆる東洋的な知恵は戦後否定され、急速に衰退してしまった。

だが、それらの知恵や技術は、全てが正しいとはいえないまでも、中には現代の科学水準では、とうてい説明できないような不思議な技も存在する。

武道が形骸化し、スポーツと区別がつかなくなりつつある今日、先人たちの知恵を発掘し世界に伝えていくことは、非常に重要な課題といえよう。

心をコントロールする

［コントロールできない自律神経］

自律神経は別名、植物性神経ともいわれるように、生体の機能を自動的に調節する神経だ。心臓や内臓あるいは体温調節など生命維持に関わる働きは、この自律神経によって行なわれている。

つまり自律神経とは、生命維持を自動的にするもので、自分の意思でコントロールすることができない機能なのである。だから不随意神経ともいわれる。

ところが我々には、自律神経の支配下にありながら自由にできるものがある。呼吸だ。いうまでもなく呼吸は自律神経に支配されている。

呼吸は普段、無意識のうちに行なっており、寝ている間も止まることはない。しかし意図的に早くすることは可能だし、自分の意思で止めることさえできる。そういった意味では、呼吸は、随意神経と不随意神経の両方の要素を兼ね備えているともいえる。

自律神経は、さらに交感神経と副交感神経とに分けられるが、身体を興奮状態にし活発化させるのが交感神経で、逆にリラックスさせるのが副交感神経だ。

そして呼吸は、副交感神経の領域となっている。

つまり呼吸は、気持ちを静めるために有効に働くのだ。

本来、自分の意思では操作できないのが自律神経だが、呼吸は自由にでき、しかも気持ちをリラックスさせる機能を持つ。

呼吸こそ、自律神経のコントロールを可能にする最も有効な手段なのである。

【心のコントロール】

ヒトは緊張すると心臓がドキドキして、呼吸が早くなる。緊張が解けると自然と元に戻る。このことから、心と心臓と呼吸は、歯車のように互いに影響し合う関係にあるのがわかる。ところが、心と心臓は己の意思ではコントロールができない。自律神経の支配下にあるからだ。ヨガの行者の中には、心臓の動きさえ自由にできる者がいるが、一般の人にはとうてい無理な話だろう。

心にしても、「意馬心猿（いばしんえん）」というぐらい自分の思い通りにならないのが普通だ。意馬心猿とは、馬が暴れ猿が走り回る様をいう。それほど意のままにならないのが心だ。

そのため昔から平常心などといい、心を鍛える方法が工夫されてきた。そして座禅や滝行など色々な修行法が開発されてきた。しかしながら心を直接鍛えようとしても、そう簡単にできるものではない。

そこで開発されたのが呼吸法なのである。

呼吸法を体系化し、調和道という組織を作り上げた藤田霊齋という人は「心は心をもって制せられず、心は息をもって制する」と言った。

己の意志では、心はコントロールできない。心を制するには呼吸こそが重要だという。

ヒトは緊張すると筋肉が硬直する。緊張を解くには硬直した筋肉をほぐし、身体をリラックスさせるのが正しい。

そして身体をリラックスさせるためには、呼吸法によるのが効果的である。

だから心は、息をもって制するということなのだ。

［肚をつくる］

心は、ときに肚（はら）という表現が使われる。肚は胆力とか度量という意味を持つ。だから肚をつくる、といえば度胸を養うということだ。

では、どのようにして肚をつくるのか。

それは呼吸である。丹田呼吸は、強靭な精神力をつくるといわれている。

丹田呼吸については後段で説明するが、確かに上半身の力を抜いて臍下丹田（せいかたんでん）に力を入れると、気分的にもどっしりとした感覚が生じる。ただ、この感覚は長続きしない。

緊張する場面で懸命に呼吸法を行なったが少しも効果がなかった、という声をよく聞く。それは、まだ呼吸法が完全に習得できていないからだ。

呼吸法は即効性のある薬ではない。習得とは習って会得すること。修得とは習い覚えて身につけることとある。いくら一時的にできても身についていなければ、その効果は期待できないのだ。

空手でも一つの形を覚えるだけなら一日もあれば十分である。しかし、そのレベルとなると千差万別だ。やれることと会得していることは違う。

だからいざというとき、慌てて呼吸法を行なってもうまくいくはずがない。常住坐臥(じょうじゅうざが)、いつでも、どんな場面でも臍下丹田を意識して呼吸を行なう。そうすることによって、徐々に肚(腹)ができてくるのだ。

この腹を瓢腹(ひさごばら)という。瓢とは瓢箪(ひょうたん)のことだ。現代人にとっては、あまり格好が良いとはいえないかもしれないが、仏像などに見られる下腹がポコッと出た姿を想像すれば良い。

昔は、いざというとき慌てふためかないよう常に呼吸法を行ない、肚(腹)を練るのは武人としての当然の行為でもあった。肚をつくるとは、本当に腹を作ることなのである。

呼吸法の実際

［腹式呼吸］

呼吸は、単純に分けると胸式と腹式に区分できる。

胸式呼吸

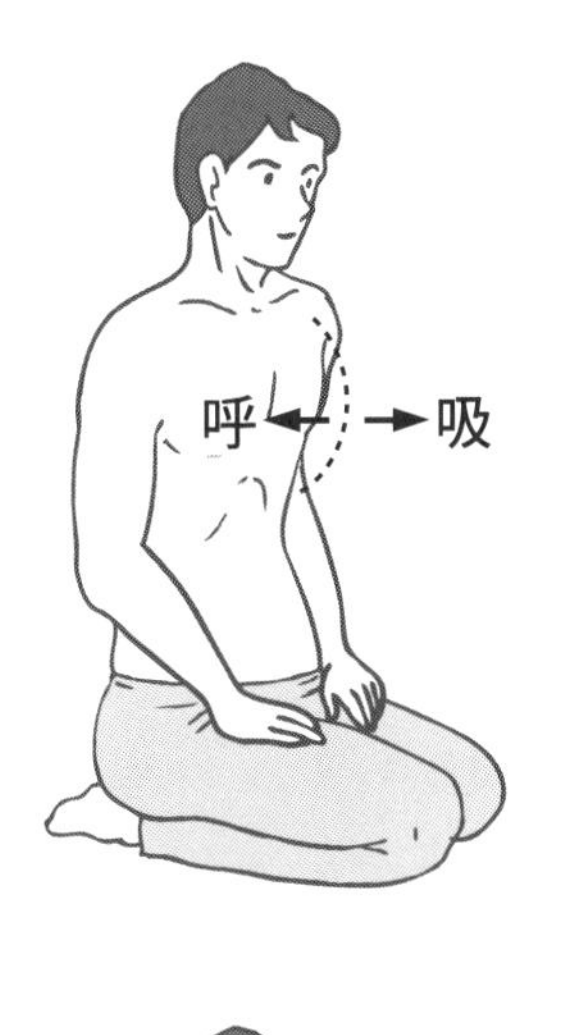

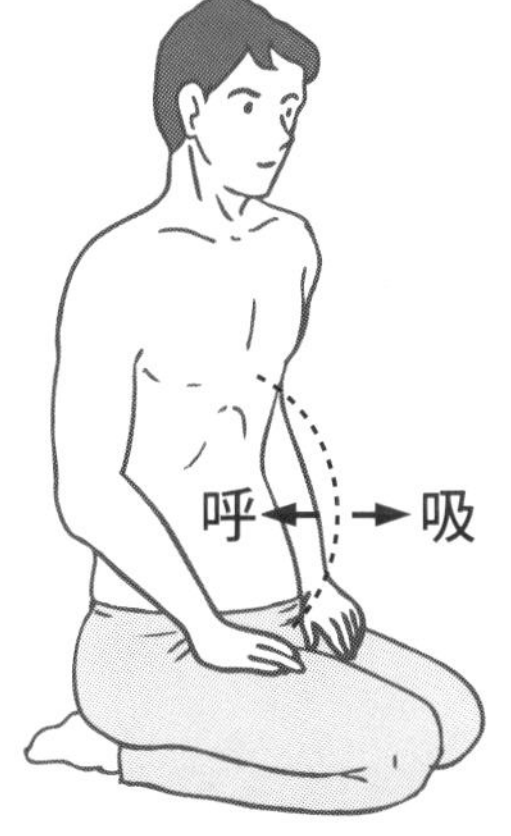

胸式呼吸は、胸を中心に行なうもので、例えばラジオ体操の深呼吸のやり方がそうだ。それに対し、腹式呼吸のほうは胸はあまり動かさず、お腹を膨らませたり凹ませたりしながらやる方法だ。

一般的に、女性の場合は胸式が多いといわれている。もっとも、データがあるわけではなく正確なところはわからない。

最近は深呼吸というと、大きく胸を広げて息を吸うことを教えられるため、胸式が増えているようだ。しかしながら、単に酸素を取り込むだけではなく、いわゆる呼吸法として行なうのであれば、腹式が基本となる。

[丹田呼吸とは]

丹田の「丹」は、赤を意味している。

昔、中国で不老長寿の薬の素となった赤い砂、丹砂に由来する。ちなみに丹頂鶴は、頭の頂が赤いところからその名がつけられた。

丹田の「田」は田んぼだ。したがって丹田には「不老長寿の薬を作る場所」という意味がある。

それが人体の中にあるというのだ。よくいわれる臍下丹田がそうだが、実は人体には丹田が三か所あるといわれている。

額の奥の上丹田、胸に位置する中丹田、そして臍（へそ）の下三寸五分（約十・五㎝）のところにある下丹田だ。一般的に丹田というと、この下丹田を指すことが多い。

そこで臍下丹田による呼吸法だが、普通の呼吸で吐き出される空気の量が五百cc前後なのに対し、丹田呼吸ではその五～六倍になるという。確かに白隠の長息をやってみるとわかるが、長息を行なうと肺の中の炭酸ガスが全て吐き出される気がする。そのぶん新鮮な空気が取り込めるというわけだ。

また丹田呼吸には血行を良くする効果もあるため、冬などは手足を温めるのに大変都合が良い。冷え性の人などは試してみる価値があろう。

瞑想しながら丹田呼吸を行なうと、身体の感覚がなくなることが多い。

手がどこにあるのか、身体はどこへいってしまったのか、まるで周りの空気に溶け込んでしまったような感じだ。そればかりか自分の身体が大きく膨らんで、頭が天井につきそうな気さえしてくる。

オーラというものが実在するならば、まさしくオーラと一体化したような感覚だ。丹田が宇宙につながっているという思想は、こういう体験から生まれたのかもしれない。

【丹田呼吸の実際】

呼吸法には様々なやり方がある。中には、その種類の多さを競うような団体もあるが、原点は丹田呼吸だ。つまり、呼吸法の基本は丹田呼吸にあると思えば良い。

さて丹田呼吸の場合、息を吐きながら丹田に圧力をかけるが、圧力をかける一方で同時にみぞおちを窪める。こうすると、みぞおちの深部にある太陽神経叢が刺激され、身体が活性化するといわれている。

そういう意味では、腹式呼吸が自然呼吸であるのに対し、丹田呼吸は努力呼吸ともいえよう。

【丹田呼吸と数息】

数息（すそく）とは、「ヒトーツ、フターツ、ミーッツ」と数を数えながら息を吐くやり方をいう。

丹田呼吸は、息の吐き方に特徴がある。ところが、この息を吐くというのが意外と難しい。そこでお釈迦様は、息を吐きやすくするために数息という方法を考案した。

具体的には、数に合わせるようにゆっくりと息を吐く。最初のうちは、一つの数を五秒程度まで伸ばせばよいが、慣れてきたら徐々に時間を長くしていく。十まで数えたら、また一から繰り返す。

そして少しずつ一呼吸を長くしていくのだ。

しかし、息を吐くことになぜそれほどこだわるのか。

本来、呼吸とは「呼」が先で「吸」は後だ。だから吐くほうを先にするのが順番としては正しいといえる。

それはともかく、よく現代人は呼吸が浅いといわれる。

丹田呼吸の基本は、丹田に圧を掛けながら、一方でみぞおちを凹ませる。

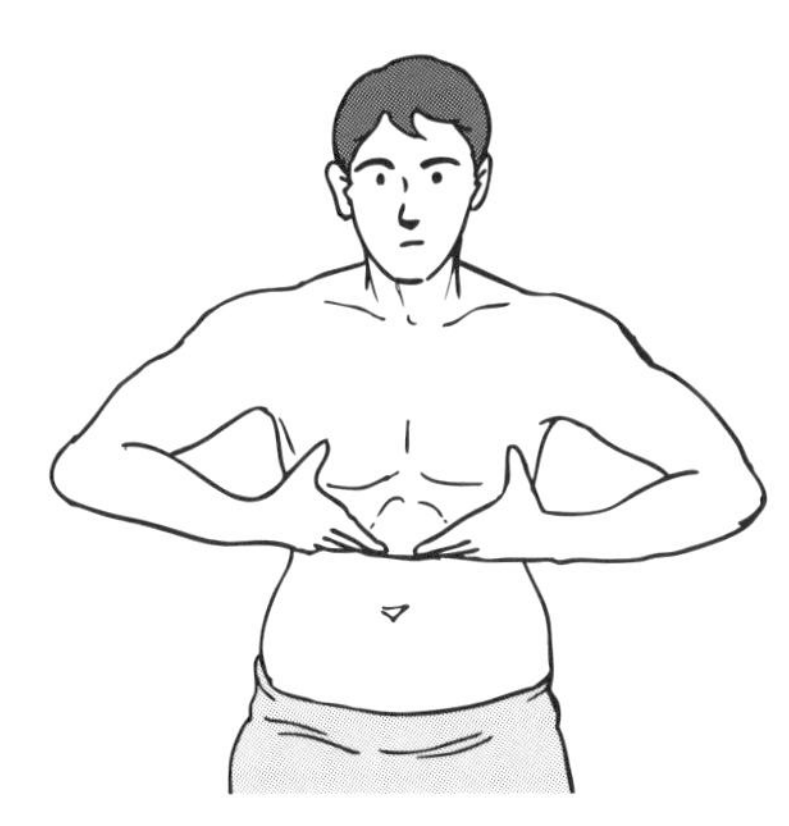

みぞおちがうまく凹まない場合は、両手で押し込んでも良い。

その主な原因は、吸う息が中心の呼吸の仕方にあるのだが、一般的に吸うほうは意識的に行なっても、吐くのは自然に任せるケースが多い。だから息が最後まで吐き切れない。

特に胸式呼吸では、横隔膜を上手に動かせないので意外と呼吸が浅くなりやすい。その結果、いつも炭酸ガスを半分以上残した状態で呼吸をすることになる。

用済みの炭酸ガスは、全て吐き出してしまったほうが合理的だろう。

修行の一つに滝に打たれる滝行がある。滝に打たれる目的は精神の集中にあるのだが、強い息をつくるというのは案外知られていないようだ。

大抵の人は、大量の水を激しく頭から浴びると呼吸がしにくい。そして息苦しくなると必ず息を吸う。吐くより前に吸う。だからすぐ苦しくなるが、それでも吐くことができずにまた吸ってしまう。息を吐かずに吸ってばかりいるから、いくら吸っても酸素は少ししか入ってこない。そうしているうちにアップアップの状態になってしまう。

こういうときは思い切って息を吐けば良い。そうすれば自ずと呼吸ができるようになる。

また最初のうちは、息を吐くにも全身の力を使うため身体が硬直状態にあるが、それだと滝の水圧に負けて転倒しやすい。

まず肩の力を抜いて、臍下丹田に意識を集中させる。そして数を数えながらゆっくりと息を吐き続ける。こういう段階を経て、やがて強い息が作られていくのである。

【武道の特殊な呼吸法】

武道の呼吸というと武息を思い浮かべる読者も多いと思うが、ここでは武息ではなく武呼吸について述べてみたい。

腹式呼吸を発展させたのが丹田呼吸だが、この呼吸法をさらに工夫したものが武呼吸である。これは逆腹式呼吸といわれるように、息を吐くときも下腹を膨らませるのが特徴だ。

腹式呼吸の場合、息を吸うときは腹が膨らみ吐くと凹むという関係にあるが、武呼吸の場合は息を吸うときも吐くときも、どちらも腹を膨らませるのである。

つまり、腹の内部から外側に向かって圧力をかけるように息を吸い、息を吐くのだ。

そうはいっても息を吸ったときは横隔膜が下がるから自然と圧力がかかるが、吐くときは腹がへこんでしまいやすく、圧力がかからない人が多い。

そういうときは、気合を発したときを思い出すと良いだろう。

いうまでもなく気合は、丹田に力を込めて発する。これは息を吐きながら腹に圧力をかけている状態である。

だから、息を吐いたとき腹に圧力がかかりにくい人は、気合の要領で短息を繰り返すとわかりやすいかもしれない。

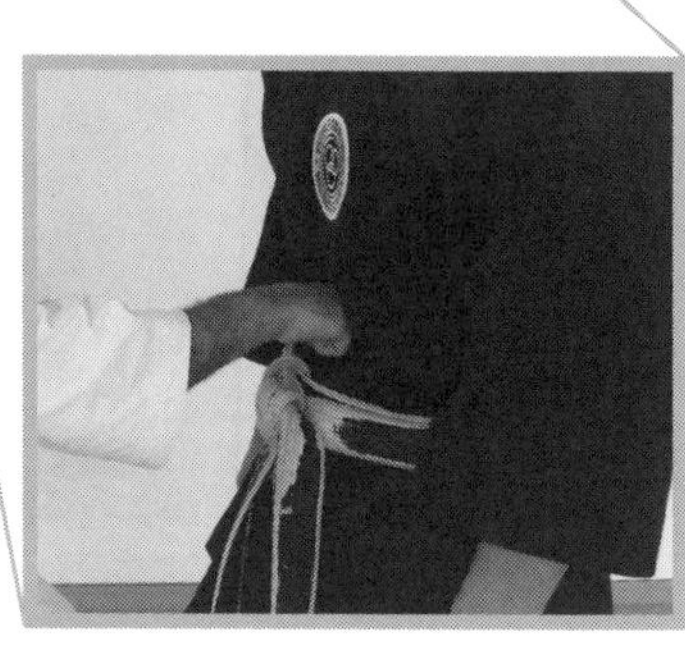

みぞおちに、正拳を
思い切り押し込む。

腹圧が強くなると、押し
込まれた拳を呼吸だけで
押し返せる。

「ハッ、ハッ、ハッ」と短く息を吐き、腹に圧力をかけるのだ。

昔から短息は、気力や勇気を養うといわれている。気が小さかったりアガリ症の人には、この短息がお勧めである。確かに四股立ち（騎馬立ちでも良い）で「ハッ、ハッ、ハッ」とやると、気力が充実してくるから不思議だ。

短息で圧力のかけ方がわかってきたら、次は長息でも行なう。

丹田呼吸も武呼吸も吐く息が大切だ。吸うのはあまり気にしなくても良い。しっかり吐くことができれば息は自然と入ってくるからである。

こうして、息を吸っても吐いても腹に圧力が掛けられるようになると、腹圧というものが強くなってくる。

腹圧が強くなると、どうなるか。

気力の充実はもちろんだが、実は打たれ強い身体づくりに非常に効果が大きいのだ。ボディを打たれ強くするためには腹筋を強化するのが一般的だが、腹筋は表面に固い鎧を付けるようなもので内部までは強化されない。そのため透徹力のある突きや蹴りを受けると意外ともろいのである。

その点、腹圧を強化すると内部がゴム毬（まり）のような状態を作れるから、たとえ透徹する突きであっても、結構耐えられるようになる。もちろん、腹筋も併せて強化すれば鬼に金棒だろう。

［ゆっくり、ゆるめず］

呼吸は習慣である。そのため、長年染み付いた呼吸の仕方を変えるのは簡単ではない。

しかし呼吸は、意識することによって変化させることができる。たとえ一時的であっても変えることだけはできるのだ。

胸式呼吸から腹式呼吸に変えることは比較的容易だし、腹式呼吸ができれば、次は吐く息でもお腹を膨らませるようにすることで、武呼吸ができるようになる。

ところが呼吸は、あまりにも身近で、しかもそのやり方は、カタチだけなら誰でもすぐできるため継続が難しい。それなりのレベルまで習得するには、相当の期間を要する覚悟が必要だろう。

呼吸法に限らず武道の世界では、何事も急がず焦らず「ゆっくり、ゆるめず」の心構えで継続することが大切なのである。

技法編

第4章 隙と攻撃のチャンス

技法編

剣道や空手の試合に限らず戦いというものは、ただやみくもに攻めても勝てるわけではない。そこには常に、相手の態勢や心理状態をうかがう姿勢が必要となる。

そこで、この章では達人たちが見極めた攻撃のタイミングや隙(すき)について考えてみよう。

隙の種類

[隙とはなにか]

隙とは無防備の状態を指す。そこを狙えば相手は、反撃はおろか受けることもできない。ただし隙は、お互いが駆け引きの中で生じる一瞬の現象だから、言葉で言い表せても実際にこれが隙だと教えるのは難しい。かといって「隙はよくわからない」で済ませていては決して強くはなれないだろう。

ところが現実には、多くの選手がスピードや力の強化ばかりに走っている。

もちろんスピード、力は非常に大切であり、それらを鍛えるのは間違いではない。だが、それだけで納得していてはいけないのだ。

スピードとか力は肉体、つまり筋肉を鍛えることだ。それに対し隙は、精神活動の領域である。両者は車でいえば両輪のようなものだが、残念ながら、この両輪がバランスよく鍛えられているケースはまれである。

筋肉の鍛錬は方法がわかりやすく、何より効果が目に見える形で現れる。だからやりやすいし、やりがいもある。一方、隙となると雲を掴むような感じで、具体的なメソッドがない。

だから、上達すれば自然とわかるようになるだろうという程度の認識しかないのかもしれない。

しかし隙は、スピード以上に重要なファクターだ。選手はもっと積極的に隙について研究する必要があろう。

【自分の行動を分析する】

隙というものを理解するには、どうすればよいか。

一つは隙を意識すること。どんな場合でも常に隙を考える習慣をつける。それが近道だ。

練習でも試合でも、勝っても負けても、いつも隙について考えること。それが隙の理解につながる。

例えば、自分がポイントを取られたときを思い返してみるとよい。どうして取られたのか、なぜ返せなかったのか、少なくともガードだけでもできなかったか。また、その原因はどこにあったのか。

相手が速すぎて見えなかったということがある。しかし人間の身体には、そんなに速く動ける能力は備わっていない。では、なぜ見えなかったのか。

それは一瞬の虚を突かれたからだ。

虚とは中身のないこと。空しい、虚しいと書く。つまり備えのないこと、油断である。それが隙だ。勝敗には多かれ少なかれ、必ず隙というものが存在する。

それでは、どんな状況になると隙が生じるのだろうか。

［隙が生じる場面］

隙には、仕掛けて相手に作らせる隙と、自ら作ってしまう隙の二通りがある。

まず相手に作らせる隙だが、これは機先を制することにより有効となる。例えば、相手が攻めてくると感じたとき、フェイントなどでタイミングを外す。打ち込もうと全神経を集中させた瞬間、逆にこちらから打つそぶりを見せると、一瞬相手は緊張してしまう。そこが隙だ。

同様に主導権を握ってフェイントを繰り返すと、相手は集中力を維持できなくなって隙ができる場合もある。

いずれも戦いのさなかに時々生じるものだ。

ただし隙が現れるのは、ほんの一瞬でしかない。時間にすれば、まばたき程度だ。そこに難しさがある。頭で考えていたのでは、とうてい間に合わない。

隙がよくわからない原因の一つは、ここにある。やはり体験的に身につけていくしかないだろう。

［自らが作る隙］

次に自分で作ってしまう隙だが、これもいくつかのパターンがある。

その一つは心がゆるむ隙だ。これはどういう状態かというと、「遠山の目付」（177頁参照）を忘れ、相手の動作に惑わされているときなどを指す。

戦いでは、相手の一挙手一投足にとらわれてはならない。ところが気持ちに余裕がないと、相手の一つひとつの動きに気をとられ集中力がとぎれやすい。

また、お互いが優位に立とうと牽制しあっているとき、その緊張感に耐えられなくなり、一歩下がって態勢を立て直そうとする場合がある。そんなときは、必ず気のゆるみが出てしまうものだ。

極度の緊張が求められる戦いの中で、集中力を持続させるのは容易ではない。誰しも程度の差こそあれ、フッと気を抜く場面がある。油断ともいえるが、ここを攻められると致命的だ。ほとんど動けないまま敗れることになる。

もう一つは迷いによるものだ。相手の動作に惑わされて、つい様子をみてしまったり、せっかく隙を見つけたのに一瞬ためらったりするときのことをいう。こういう場面は、攻めも受けもないから無防備の状態に近い。

これらの状態は、いつでも攻められる、いつでも受けられるという、いわゆる「放心」（※）とは根本的に異なることを知っておかなければならない。

心のゆるみとか迷いというのは、いわば戦いのための回路が一時的に遮断された状態である。コンマ何秒の世界では、この一瞬の空白が勝敗を分けるのだ。

このように、それほど重要な「隙」にもかかわらず、それを会得するのは相当に難しい。

何よりも、どれが隙なのか理解するのも難しいし、隙を見つけ間髪入れずに攻められるようになるには、さらに高度なレベルが求められる。

そこで次は、もう少し具体的に、どのような状態のとき攻めたらよいのか、先人たちの意見を参考にしてみよう。

※放心……心が何ものにもとらわれていない状態をいう。よくいわれる「放心状態」とは異なる。注意力が散漫という意味ではない。
勝ちにこだわり、相手の動作にとらわれていては自由な動きはできない。目で見るのではなく、心で観ることが大切。放心の反対が止心である。

「居つくは死ぬる手」

宮本武蔵が**「居つくということ悪し」**と言っているように、昔から居つくのは良くないとされている。ところが最近は、この居つくという意味を単純に停滞、または膠着した状態と解釈する向きが多いようだ。

例えば、次のような解釈である。

○居つくとは、動作中に動きが一瞬止まった状態を指し、相手の動きに反応できないこと。
○居ついた身体は、動こうとしたとき「起こり」を示し、こちらの手の内を相手に読まれやすい。
○常に動ける状態、タメのない状態が居つかないこと。
○居つかないようにするには浮身の態勢が必要。

つまり居つくとは身体の「ある状態」を指すというのだ。

だから居つかないために前傾姿勢にする、こまめにフットワークを行なう、あるいはたえずゆらいだ状態を維持するなどという議論になるのだろう。

これらは決して間違いではないが「居つく」には、もっと心の状態（というと、また心かと思われるかもしれないが、武道において心は「心、技、体」中でも最も重要なファクターなのである)が含まれていることを忘れてはならない。

本来、居つくとは戦いのさなかに集中力がとぎれ、一瞬気がゆるんだ状態をいう。

心の隙は、身体の隙より致命的であると知っておくことが大切だ。

許さぬところ三つ

[攻撃のチャンス]

剣術に許さぬところ三つあり。

一は向こうの起こり頭、二は向こうの受け止めたるところ、三は向こうの尽きたるところなり。この三つはいずれも逃すべからず。そのまま畳みかけて打ち突きを繁く出すべし。そのうち勝ちを得るものなり。

右のほか許さぬところ四つありといえども、まずこの三つを肝要なりとす。

これは幕末の剣豪、千葉周作の師伝を千葉勝太郎が大正四年にまとめた「剣法秘訣」の中の一説である。

周作は北辰一刀流の創始者として有名だが、その指導方法は非常にわかりやすく、普通十年かかる修行を五年で成し遂げさせたという。

例えば、剣法秘訣の中には**「自分より上手なる者を選びて修行すべし」**とか**「打たれて修行する」**など上達するための心構えや、具体的な方法として「利生突き（りしょうづき）」（140頁参照）や「撃込み稽古」の効果など、初心者にも理解しやすい内容となっている。

技は教わるものではなく盗むものだといわれた時代にあって、斬新な指導方針といえよう。

当時、江戸には三大道場として、桃井春蔵の士学館と齋藤弥九郎の練兵館と共に千葉周作の玄武館があったが、この中でも玄武館が最も大きく門弟数も三千六百余名の多さであったというから、周作は武道家としても、また指導者としても大いに優れていたことがうかがえる。

【起こり頭】

ところで、許さぬところの三つだが、許さぬところというのは、ないがしろにしてはいけないところという意味で、攻撃すべきタイミングをいっている。その一つが「起こり頭」だ。

起こり頭というのは、相手が今まさに攻めてこようとする瞬間を指すものだが、そこを狙えというものだ。

人は、攻撃と防御を同時に行なうことはできない。そこには必ず優先順位があり、どちらか一方しか対応できないようになっている。防御の態勢をとりながら攻めることはできても、人間の脳というのは一つの命令を順番に出すしかないのだ。

そのため、人が攻撃を仕掛けようとする瞬間、つまり起こり頭とは全く無防備の状態なのである。

もちろん、相手が攻めてくる瞬間にこちらも攻めていくのは、相当の勇気がいる。しかし、明らかに劣る相手ならばともかく、試合などでは一瞬の差が勝敗を分ける。その一瞬に賭ける勇気が武道では常に要求されるのだ。

「格闘技の極意は相打ちにあり」なのである。

【受け止めたるところ】

次に「向こうの受け止めたるところ」だが、これは、こちらからの攻めを相手が受け止めたところだから、相手は完全に受身の状態となっている。

このとき相手の脳は、次の攻撃に備えるか、反撃するかを判断しているわけだが、受けたその瞬間は身も心も百パーセント防戦となっている。したがってそこを続けて攻めよというのだ。

柳生宗矩も言っている。

撃ったるところは、切れようと切れまいと心を止どむるな。二重三重、なお四重五重も撃つべきなり。敵に顔をも上げさせぬなり。（そうすれば）勝つことは（最初の）一太刀にておわるなり。

ところが多くの選手は、せっかく先手をとっても返し技を警戒して、相手に一瞬の猶予を与えがちだ。それでは間に合わない。相手が受けたときは、それは千載一遇のチャンスと考え、徹底して攻めなければならないのだ。

これが許さぬところの二つ目である。

［尽きたるところ］

三つ目の「尽きたるところ」とは、相手の攻撃が終わったときだ。

改めて説明を加えるまでもなく、人は攻め切れなかったときは、攻撃をやめて態勢を立て直そうとする。それは攻撃でも防御でもない。そこに一瞬の隙が生ずる。

このとき大切なのは間合だ。

攻められたとき、特に連続攻撃を仕掛けられたときなどは、一般的に後退する場合が多い。中には逃げ回るという表現をしたくなるようなケースすらある。それだとせっかく相手の攻撃が中断しても、すぐに反撃ができない。

たとえ受身に回ったとしても、いつでも届く距離を維持しておくことが大切だ。つまり、紙一重でかわす習慣を身につけておくことが重要なのだ。

初心者によく見られるパターンだが、甲が攻めると乙が逃げ、乙が攻めると甲が逃げるというように、交互に攻めと逃げを繰り返すシーンがある。これだと宮本武蔵も言っているようにトタン、トタンという拍子になって、いつまでたっても埒(らち)があかない。

相手の攻撃が終わった刹那、間髪を入れず逆襲できるだけの態勢は、普段から心がけておきたいものである。

枕押さえ

[出鼻をくじく]

起こり頭と同じだが、これを宮本武蔵は「枕」と表現している。そして敵の攻めの気配を事前に察知して押さえ込み、攻撃ができないようにするのが枕を押さえることだと言う。

枕を押さゆると云うは、我れ剣の道の会得によって、敵に掛かり合うとき、敵何ごとにても思う気ざしを、敵のせぬうちに見知りて、敵の打つと云う字の頭を押さえて、後をせざる心、これ枕を押さゆる心なり。

例えば敵の掛ると云う「か」の字を押さえ、跳ぶと云う「と」の字の頭を押さえ、斬ると云う「き」の字の頭を押さゆる、皆もって同じ心なり。

戦いも慣れてくると、相手が攻めてくる瞬間を、ある程度察知できるようになる。そのとき、こちらからスッと沈み込んで相手を威圧してみる。同時に相手の前拳を払ったり、斜め前にサイドス

枕押さえの練習法

両者、やや近間で構える（攻め手は中段逆突きを基本とする）。

相手の打つ気配を察知したら、相手より一瞬速く飛び込んで押さえる。

失敗例１
押さえが一瞬遅れると、相手に突き込まれてしまう。

失敗例２
相手が動いていないのに、焦って押さえにいってしまう。いわゆるフライング。

テップするのも効果的だ。仕掛けようと全神経を集中したとたん、こちらが攻撃態勢をとるため、相手は攻めることができなくなってしまうのだ。これが枕押さえである。

【後手と後先】

宮本武蔵も孫子や平山子竜（ひらやましりょう）と同じように**「兵法勝負の道に限って、人にわが身を回されて後につくこと悪し。いかにもして敵を自由に回したきことなり」**と、相手のペースに振り回されてはいけないと忠告している。空手に限らず格闘技では、後手に回ることは極力避けなければならない。

千葉周作が攻めるチャンスの一つとして「相手の受け止めたるところ」と指摘しているように、戦いにおいて受身となるのは大きな危険を伴う。だから、常に先手が取れるように努力しなければならないのだ。そのためには、相手の仕掛けを未然につぶしてしまう必要がある。

もちろん、これは頭で考えるほど易しくはない。何度も何度も失敗を繰り返しながら、絶妙なタイミングを身につけていくしか方法はないだろう。

しかし何も考えずに稽古するよりも、枕押さえが何たるかを意識しながら工夫するほうが確実に上達することは間違いない。

上達するには、身体だけ酷使しても効果は少ないのだ。実らない努力を無駄という。

大半の指導者は教え込むことにこだわり過ぎるきらいがあるが、もう少し選手が自分の頭で考え、工夫する時間を与えなくてはいけない。

組手のようにまばたき一つで勝敗が決まるような競技では、微妙な感覚は身をもって体得していくしかないのだ。そうしないと、世界との差はますます広がってしまうだろう。

ちなみに武蔵は、枕を押さえるにあたって注意する点として**「これも敵のすることを押さえん、押さえんとする心、（すでに）後手なり」**と言っている。つまり、相手の出方を観察しているようではすでに後手だという。難しい話だ。だから**「よくよく吟味あるべきなり」**なのである。

先々の先

「打ち出す所を勝つ」

柳生新陰流（やぎゅうしんかげりゅう）では、**「とかく敵に先をさせて勝つなり」**を戦いの極意としている。宗矩の書いた「玉成集」の中には次のようなくだりがある。

兵法の習い色々ありといえども別に用いず。

一　（敵が）打ち出す所を勝つ

一　打ち出さぬ者には仕掛けて（敵が）打つ所を勝つ

一　それを知る者には我が内（隙）を見せて、それを打つ所を勝つ

これ三つより他は、これ無く候う。

とにかく、徹底して相手から先に打たせるようにするのが柳生流の特徴だ。さすが将軍の指南役、戦い方が鷹揚（おうよう）だ、などと理解してはいけない。

宗矩の父であり、柳生新陰流の開祖、柳生石舟斎宗厳（やぎゅうせきしゅうさいむねよし）は戦国時代の武将であり、その戦法は全て実戦で培われたものだ。宗矩はこの宗厳の五男にあたり、二代将軍徳川秀忠の時代に正式に将軍家指南役となっている。

柳生流といえば無刀捕りが有名だ。これは、武器を持たず相手の刀を取り上げてしまう神業だ。そのコツは**「我は敵の太刀の柄の下になりて」**とあり、相手が打ち込もうとする刹那、飛び込むことである。つまり、相手が打ち込もうとしなければ無刀捕りはできない。

一般的に無刀捕りは相手が居ついたとき、その虚を突くことだと思われがちだが「兵法家伝書」の中には、そのような説明は見当たらない。

ともあれ柳生流では、常に相手から攻めさせることを原則としている。そのため柳生流は受身の戦法、つまり「後の先」だと思われていることが多い。

後の先とは、相手の攻撃を捌いて勝つ戦法だ(第7章で詳解)。しかし、だからといって柳生流を即、受身の戦法と考えるのは早計である。確かに後の先は隙を見せにくいし慣れると使いやすいことは事実だ。だが、それだけで常に勝ち続けるのは容易ではない。

ではなぜ、宗矩は自信をもって、これより他は必要ないと断言しているのだろうか。

【柳生新陰流は先々の先】

尾州柳生家の第四代宗家、柳生連也齋(やぎゅうれんやさい)は柳生一族にあって不世出といわれた天才である。その腕前は、当時の柳生本家も敵わなかったという。

ある日のこと、連也齋は所用のため、平井某という供を連れて出かけていった。

その帰り道。夜もだいぶ更け辺りは真っ暗となっていた。街灯などなかった当時のこと、月がなければ一寸先は闇である。

ようやく城下町にたどりつき、屋敷まで後わずかというところまで来たとき、連也齋は突然方向を変え、わき道に入っていった。真っ直ぐ行けば屋敷にすぐ着くものをどうして？と不審に思った平井が「殿、いかがされました。道が違いますが……」と尋ねるが、連也齋は構わずスタスタと歩いて行く。細い路地裏をしばらく行くと道は再び大通りへと向かう。

お供といっても、そこは連也齋の弟子。主人のいつもと違う様子に何事かを感じとった平井は走った。

見ると前方に四、五人の黒い影がじっとうずくまっている。どうやら誰かを待ち伏せているようだ。ことの次第を悟った平井は「曲者っ」と叫んだ。

いきなり背後からの大音声に黒い影たちは一瞬「ぎょっ」としたようだが、相手に連也齋を見つけると、たちまち刀を抜き襲いかかってきた。

平井も怯むことなく突っ込んでいく。

先頭の黒い影が、平井の脳天めがけて白刃を振り下ろした刹那、平井は横っ飛びになりながら刀を払った。「バスッ」と鈍い音がしたかと思うと、黒い影は無言のまま頭から地面に叩きつけられていった。それを見た残りの影は、身を翻し走り去っていった。

もし、あのとき連也齋が刺客に気づかずにそのまま歩いていたらどうであったろう。いかに剣の達人といえども虚を突かれてしまえば、一瞬とはいえ主導権は敵側にある。真剣勝負では、この一瞬が命取りになる。剣の達人といわれた者たちが、不意を襲われ命を落とした例は数え切れない。

言い換えれば虚を突かれるうちは、本当の達人とはいえないのだ。では、なぜ連也齋は虚を突かれなかったのか。それは事前に敵の殺気を察知したからに他ならない。

別のある日、連也齋は数人の弟子たちを連れて、温泉に静養に出かけたことがあった。一同ゆっくりと温泉につかった後の酒席でのこと。久しぶりに気の合った者同士での旅ということもあり、座は大いに盛り上がっていた。そんなとき連也齋が言った。

「皆の者、無礼講である。これより三日のうちワシのことを打ち据えた者には、褒美をやるぞ」

それを聞いた弟子たちは、最初意味がわからず互いに顔を見合わせていた。

「それはどういうことでございますか?」

「武士たるもの、いつ何どき敵に襲われるかわからない。道場で立ち合うばかりが修業ではないぞ。これより三日の間は、ワシが隙を見せたならいつでもよい。打ちかかってまいれ。見事一本取った者には褒美をとらす」

「いつでも良いのでございますか」

「さよう、いつでも良い」

「それは…、後ろからとか、あるいは寝ているところでも良いのでございますか」

「当たり前じゃ、敵が襲おうとするとき『ごめんくださりませ』と言って、わざわざ前に回る馬鹿はおるまい」。連也齋がそう言ったので一同大笑いとなった。

確かにまともに立ち向かったら、とうてい歯が立たない相手である。しかし、いつでもどこでも良いということになればチャンスはある。

皆、武芸のためには命もかけるという者たちだ。そうと聞いてはじっとしておられぬとばかり、宴もそこそこに席を立ち始めた。

「これこれ、そう慌てるな。時はまだあるぞ。今宵ぐらいはゆっくりせんか」

連也齋が苦笑まじりにそう言いかけたとき、いきなり連也齋の頭めがけて拳を繰り出してきた男がいた。連也齋はヒョイと身体をかわすと、柔の手で男の足を払った。たまらず男は前のめりに倒れ込んでいった。

「齋藤、おぬしはいつも気が早いのう。何事も早ければ良いというものではないぞ。おぬしの疵は『近惚れの早飽き』(※)じゃ。もそっと頭を使え」

それを見ていた弟子たちは再び爆笑となったが、すでにその目は笑っていなかった。

夜もだいぶ更けたころ、連也齋の寝所に二人の男が忍び入ってきた。

夕刻の話では寝ているところでも良いということなので、無駄かとは思いつつも、ものは試しとやってきたのである。案の定、寝所に一歩足を踏み入れたところで「一晩中起きているつもりか」と言われてすごすごと帰っていった。

翌日、弟子たちは次々と連也齋に打ち込んでいった。

ある者は待ち伏せ、ある者は背後から、風呂場といわず厠といわず、時と場所を選ばず連也齋に襲いかかっていったが、ことごとく失敗であった。

そこで相談した結果、近づくから失敗するのであって、遠く離れたところからならばわかるまいという話になり、弓で射掛けることになった。

三日目の朝、連也齋が散歩に行く途中を見計らって、弓に心得のある者が岩陰に待機した。万が一師匠に怪我でもさせたら一大事と矢じりには真綿をまいた。

やがて連也齋がやってきた。何も知らない連也齋はのんびりと歩いて来る。

ところが射程距離に近づき、今がチャンスと思わず指に力が入ったとき、連也齋はフッと林の中に入ってしまった。

これでは木が邪魔をして射ることができない。何とか木々の合間を狙って射ようとするが、そのたびに木の陰に入ってしまうのでうまくいかない。場所を移そうにも下手に動けば見破られてしまうおそれがある。そうこうしているうちに連也齋の姿はだんだん遠ざかっていく。「ええい、ままよ」とばかり意を決して矢を放とうとしたとき、「どうした、なぜ射ぬ」と連也齋から声が掛かった。すでに連也齋は気付いていたのだ。

後日、一同が会したとき連也齋が言った。

「おぬしたちがワシを打とうとして、しくじったのはなぜか。それは皆がまだ武芸の奥儀を理解していないからじゃ。

戦いには必ず「機」というものが生ずる。その機をいかに制するかが勝敗を決めるのだが、それだけではない。事象には、まず「兆し」というものがある。これは機よりも少し前に現れる微妙なものだが目で見ることはできぬ。

兆しとは敵が攻めてこようとする気配であり、それは敵が動く前に現れる心中の働きを指す。これを知るためには己の心を無にして身体の力を抜き、全てを開放しなければならない。心を開くことができれば、相手の動きは手に取るようにわかる。我が流では、これがわからぬうちは印可はかなわぬと心得よ」

※近惚れの早飽き……熱し易くさめ易いこと。

［武道の奥儀］

柳生連也齋のような逸話は昔から数多くあるが、現代ではこのような伝説は単なる弟子たちの創作に過ぎないといわれることが多い。特に武道などに携わっている者たちに、この傾向が見られる。

多少なりとも武道を経験した者は、何ができて何ができないのかが体験的にわかるし、連也齋のような霊感的な能力は常識的に考えて不可能と思うからだろう。しかし今日でも、このような能力の持ち主は実在する。彼らは、たとえ目隠しされていても相手の攻撃を事前に察知できるのだ。

千葉周作もいっているように、相手の起こり頭が攻撃のチャンスであることからも、起こり頭が前もって察知できればこれほど楽なことはない。何しろ相手が攻める瞬間を合図してくれるようなものなのだから。柳生流が敵の打ち出すところを自流の極意としているのは、ここに理由がある。

「とかく敵に先をさせて」とあるため、人によっては柳生流を「後の先」の戦法と解釈する向きが多いが、実は、これは「先々の先」というべきものなのだ。

「先の先」「対の先」「後の先」という三つのパターンは、各々相手の状況に応じた「先」の取り方の分類だが、本来はこの三つのパターンに「先々の先」を加えるべきなのである。

一部には、この「先々の先」を「先の先」と同義語としている場合もみられるが、やはり「先々の先」と「先の先」は分けるべきであろう。そして「先々の先」こそが、武道究極の奥儀なのである。

第5章 戦いのテクニック

技法編

攻め方のいろいろ

【四撃】

安建正寛(あだちまさちか)は、天明の大飢饉や寛政の改革の時代に生きた武芸者である。神武流の開祖という説もあるが正確にはわからない。同時代に平山子竜などがいる。彼が残した「兵術要訓」には四撃という記述があり、攻撃を四つのパターンに分類している。

四撃とは、直撃、受撃、変撃、謀撃なり。当流において直撃とは、敵に立ち向かい、敵の撃つより先に我より撃つをいうなり。

受撃とは、敵、先に撃つをはずして、我れ後を撃つをいうなり。敵の太刀を受けるということに

て受撃というなり。

変撃とは、我れ直撃を撃つところ、敵、受撃となりて我れを撃たんとするとき、我れ変じて撃つをいうなり。

謀撃とは、敵を謀りて撃つをいうなり。

つまり直撃とは、相手が打って来る前にこちらから先に攻撃を仕掛けることであり、受撃とは、相手の攻撃を受けてのち反撃することだという。

また、こちらから直撃したところ相手がそれを受けて反撃してきたため、それをかわして打つ場合を変撃と称している。

そして、**「直撃は未熟にても成ることあれども、受撃はよほど上手にて心静まらざれば、成らざることなり」**と言っているように、直撃が初心者でも比較的容易であるのに対し、受撃は上達者でないと難しいという。

変撃については、**「我が太刀、撃ち損じ敵の受撃となるを、変じて撃つことゆえ達せずんば成り難し」**とあり、さらに高いレベルが求められる。

謀撃は策略的な攻めを意味し、初心者の中にも得意とする者がいる反面、達人はやらないという。

トリッキーな技はときとして有効な場合もあろうが、あまりそういう技ばかりに頼りすぎると大成

変撃の練習法①

ａとｂの両者構える。

ａは中段へ逆突き。ｂはａの突きを前手で落とす。

ｂは、落とすと同時に上段へ逆突き。

ａはｂの上段突きを横に払って受ける。

ａは受けると同時に、中段逆突きで決める。

ａの逆突きの後、両者は直ちに体を左右入れ替えて、同じ動作を繰り返す。何回か繰り返したら、双方役割を交代する（入れ替えまで１秒程度）。

変撃の練習法②

aとb両者構える。

aは前（左）拳で上段突き。bはaの突きを右手で払う。

aは続けて中段へ逆突き。bは今度は前手でaの突きを落とす。

bは落とすと同時に、上段へ逆突き。

aはbの突きを横に払って…。

払うと同時に、中段へ逆突き。

両者直ちに体を入れ替え、繰り返す。

この例は、双方の受撃による応酬だが、慣れてくると色々な攻防のアイデアが出てくる。
また変撃の練習はそのまま使えるわけではないものの、激しい攻防の中での一瞬のタイミングや、体の入れ替えの習得に効果がある。

できないというのは今も昔も変わらないようだ。

【一拍子の打ち】

様々なテクニックを覚えても戦いには相手がいる。どんなにスピードを身につけようとも、一瞬のタイミングがずれてしまえば何の役にも立たない。

空手や剣道がスピードと技だけでは勝てない理由だ。言い換えればタイミングこそが最強の技といえるのかもしれない。

これについては、宮本武蔵がいくつか説明している。

敵を打つ拍子に一拍子と言いて、敵、我れ当たる程の間合をもって、敵のわきまえぬうちに、我が身も動かさず、心も付けず、いかにも速く打つ拍子なり。

敵の太刀、引かん、はずさん、打たんと思う心のなきうちに打つ拍子、これ一拍子なり。（五輪書）

お互いが届く距離まで近づいたとき、相手の心構えができる前にノーモーションのまま、何も考えずに直ちに攻める。これを宮本武蔵は「一拍子の打ち」と言っている。

しかし、これは相当に難しいタイミングだ。「枕押さえ」ではないが攻めようとすれば、それは起こり頭となり相手に隙を知らせてしまう。だから「心も付けず」なのだがタイミングさえ合えば、これは面白いほどきれいに決まる。

虚をつくというのがある。

読者の中にも虚をつかれた経験を持つ人は多いと思うが、人間に限らず動物というものは、虚をつかれると全くといっていいほど動けないものだ。組手のように極度の集中力を要求される競技では、その集中力を持続させるのは容易ではない。必ずとぎれる場面がある。それが虚だ。

虚が見えたときは直ちに攻めなければならない。このときフェイントなどしながら入ったのでは、せっかくのチャンスも台無しだ。これが一拍子の攻めである。

武蔵の別の書である「活人剣」では、**「一刀とは刀にあらず。敵の機をみるを一刀と秘するなり」**という一文があるが、これは一刀、つまり最初の攻めは太刀ではないと明言している。相手を斬るために打ち出した最初の太刀はすでに二刀目であり、一刀とは相手の機、すなわち相手の動き、相手の気を読むことにあるという。これを武蔵は一刀の極意と称している。

［二の腰の拍子］

二の腰の拍子とは、こちらから打ち出そうとしたとき、それよりも早く相手が反応しそうな場合、打つと見せかけて相手をひるませ、あるいは打たせたあと一瞬気が緩んだところを攻撃するという技だ。

二の腰の拍子、我れ打ち出さんとするとき、敵早く引く、早くはりの来るようなるときは、我れ打つと見せて、敵のはりて弛む所を打つ。これ二の腰の打ちなり。

このタイミングについて武蔵は、書物を読んだだけでは実際に使えるようにはならないだろうが、しかし教えられれば「なるほど」と納得がいくはずだとも言っている。

筆者は真っ向勝負という言葉が好きだ。最近は色々な団体がチームカラーとして採用しているため使いづらくなったが、この言葉は武道としての心構えが凝縮されている。

怯まず、恐れず、驚かず、正々堂々と対峙する。それが真っ向勝負だ。

しかし真っ向勝負とは、ただ猪突猛進することではない。

相手の状況も考えず、やたら突っ込んでいくのは、単なる玉砕戦法でしかない。戦いには駆け引きがつきものだ。ときには誘いをかけ、相手の態勢を崩して攻めるのも必要となる。

二の腰の拍子とは相手が後の先タイプで、こちらの起こり頭を待っているような場合に有効な攻め方だが、目的はあくまでも主導権を握ることにある。

［無念無想の打ち］

敵も打ち出さんとし、我も打ち出さんと思うとき、身も打つ身になり、心も打つ心になって、手は後早に強く打つこと、これを無念無想の打ちといい、一大事の打ちなり。この打ち、度々出会う打ちなり。よくよく習いて鍛錬あるべきなり。

無念無想の打ちとは、何も考えずに加速をつけて飛び込んでいく攻め方である。しかも武蔵にいわせれば、この打ちは非常に大切な攻め方であり、度々出合うからよく練習するようにとのことだ。

こちらから仕掛けたはずなのに先に打たれてしまうときがある。この場合、原因は二通り考えられる。

一つは相手の誘いを受け、返し技をもらってしまったとき。もう一つは、ほぼ同時に打ち合ったものの一瞬相手のほうが速かったときだ。

いずれの場合も、出た瞬間、相手の攻撃をまともに受けるのでダメージが大きい。それも物理的な衝撃より精神的なショックのほうが大だ。

こういうことを繰り返していると、次第に攻め方が消極的になる。結果的にいつも打ち負けるというパターンが定着し、自身を失う。これが悪循環となる。悪循環はいつか断ち切らなくてはならない。

一つの対策としてしては、例えば間合を普段より近くするという方法がある。間合が近いと相手も返し技を使いにくいし、何より余裕がなくなる。相手は、こちらが近づくと我慢できずに後退するか攻めるか、どちらかを選択せざるを得ない。その動いた瞬間が勝負となる。

ここでのポイントは「先」、すなわち主導権が握れるかどうかだ。

こちらに「先」があれば相手の「起こり頭」はよく見えるから**「遅れて発しても先んじて至る」**ことも容易となる。反対に「先」がないと、近づこうとした瞬間にやられてしまう。その場合は、まさしく手も足も出ない状態で負けることになるだろう。

だがこのタイミングを習得するには、何度も繰り返して体得するしかない。武蔵が言っているように**「よくよく習いて鍛錬あるべきなり」**なのである。

［流水の打ち］

流水の打ちと言いて……中略……我が身も心も大きになって、太刀を我が身の後より、いかほどもゆるゆると、よどみのあるように、大きに強く打つことなり。この打ち、習い得ては確かに打ち良きものなり。敵の位、見分けること肝要なり。

面白い技ではないか。相手と互角に競り合っているとき、相手がこちらより少しでも早く動こうとしている場合は、逆にゆったりと大きく構え、攻めるときは身体より刀のほうを後から出すようにする。それは、まるで川の流れがよどんでいるかのようにゆっくりと、しかし大きく打つのだという。

だが、そんなことをして大丈夫なのだろうか。

戦いはスピードが命だ。よほどレベルに差があればともかく、互角の相手にそんな悠長な技が通用するのだろうか。

実は通用するのである。

空手の試合でも時々お目にかかることがあるが、意外と決まっている。野球でも超スローボールだとかえって打ちにくいように、要はタイミングを遅らせるのがポイントだ。

これについて武蔵は、「兵法三十五箇条」の中でも「遅れ拍子」という表現で説明している。

遅れ拍子というは、敵、太刀にて張らんとし、受けんとするとき、いかにも遅く、中にてよどむ心にして、間を打つこと、遅れ拍子なり。

この技は武蔵が言うとおり**「習い得ては確かに打ち良きものなり」**である。

ただし、これは決してトリッキーな技ではない。この技で重要なのは、必ず相手にプレッシャーを与えなければならないということだ。

トリッキーな技というのは目先のごまかしである。だから威圧感など関係なく、うまくいけば決まるときもある。

しかし流水の打ちの場合は、相手に威圧感が伝わらなければ、全く墓穴を掘る結果となる。そういった意味では、この技は正攻法といえないこともない。

［利生突き］

敵いずる頭へ、諸手にて竹刀を向こうへ一文字に伸ばせば、向こうより自ずと突き掛かることあ

り。これを利生突きという。

この技をなすには、始終向こうへ追いかぶさるようにして、竹刀を押さえ込み、向こうの起きる頭へ出さねば、この突きは無益にて、恐ろし怖わしという心配あっては、とてもできぬ技なり。（剣法秘訣）

剣道の経験がある人ならわかるだろうが、相手が打ってきた刹那、慌てず騒がず、スッと竹刀を伸ばすと、相手のほうで勝手に突っ掛かってくれることがある。

相打ちではない。こちらのほうが後から竹刀を出すのに、相手よりも早く突きが決まるのだ。これを千葉周作は「利生突き（りしょうづき）」と称している。

空手や剣道では、常に一定の間合をとって戦う。

そのため仕掛ける側は、どうしても大きく踏み込まないと届かない。それはタメという形になって現れ、しかも前足が着地するまでの時間、ほんのわずかだがタイミングを合わせるための停滞が発生する。

それに対し受けるほうは、手を伸ばすだけだから物理的に早い。だから、遅れて発しても先に至る場面が生ずるのだ。

もっとも、こう言うと簡単そうだが、実際となるとそうはいかない。理屈はそうでも、いざ向か

右側選手が先に面打ちに出たが、左側選手の突きが早く決まっている「利生突き」。

い合うと、いま少し微妙なタイミングが求められる。

少なくとも、ただその場で手を伸ばすだけでは、絶対に押し込まれてしまうだろう。

だから絶えず相手を追い詰めるようにしつつ、しかも相手から先に打ち込ませるように仕向けるというテクニックが必要だ。いわゆる「先」である。

[空手の利生突き]

さて、この利生突きを空手に当てはめたらどうか。実をいうと、ちょっと難しいかもしれない。

出合い技というのがある。これは「起

こり頭」を狙うものだ。だから相手が出るか出ないかの一瞬が勝負だ。

これに対し、合わせ技というものもある。こちらは合わせ技という名のとおり相手の攻撃を見極めるところにポイントがある。

返し技とは「先」をとれず攻められたため一歩下がって見切るか、受けるかしてから反撃を加えるものだ。これらを総称して応じ技といっている。

そこで空手の場合の利生突きだが、これら三つの応じ技の中では、合わせ技がカタチ的には近いだろう。

ただし剣道と違って竹刀という道具が無いだけに、距離が近い。したがって相手が大きな回し蹴りでもしてくれない限り、利生突きは成立しないのが現実だ。

流し突きならば何とかなるが、流し突きは体捌きが伴うので、本来の利生突きとはいえないだろう。

駆け引き…心理戦

[計略は兵法の根本]

戦いは、技だけの競い合いではない。虚々実々の心理戦も伴う。

柳生宗矩によれば**「表裏（＝計略）は兵法の根本なり」**だという。そして**「とにもかくにも、この道は表裏を本として様々に誘いをかけ、おびき寄せ、敵に先手をさせて勝つ」**ことが大切だと説く。

計略を広辞苑でひくと「はかりごと」とある。はかりごとを漢字で書けば「謀」だ。

謀略といい計略といい、あるいは策略というとズルイとか卑怯といったマイナスのイメージがつきまとうが、戦いにあっては必要な戦術だという。

確かに「略」は偽りのことだが、偽りも良い結果が得られれば真実となる。

「仏法にては方便というなり」なのだそうだ。

もっとも「策士策に溺れる」ということわざもあるように、策を弄しすぎては本末転倒である。

しかし、戦いは必ずしも技勝負、力勝負だけではない。やはり頭、つまり知恵も使わなければいけないのである。

［うろめかす］

戦いにおける知恵とは、いわば駆け引きでもある。

攻防が瞬時にして変化する戦いでは、相手の状態を的確に把握し、常に優位に立てるように工夫しなければならない。

武蔵は言う。


うろめかすというは、敵に確かなる心を持たせざるようにする所なり。……中略……我れ時にあたりて、色々の技を仕掛け、あるいは打つと見せ、あるいは突くと見せ、また入り込むと思わせ、敵のうろめく兆しを得て自由に勝つところ、これ戦いの専なり。


「うろめかす」というのは、「うろたえさせる」という意味だ。確かにうろたえた人間を相手に戦うのは楽だろう。

しかし実際に「うろめかす」のは、口で言うほど簡単ではない。

手っ取り早い方法は、いろいろなフェイントを多用することだが、下手なフェイントは墓穴を掘りかねない。始めから脅すだけが目的のフェイントは、相手に見透かされれば大きなリスクとなるからだ。

最近はフットワークを駆使する選手が増えたため、フェイントも単なるリズムの一環となっている傾向があるが、フェイントは戦術としてもう少し大切にしたほうが良いだろう。

「うろめかす」ためのキーワードは「四戒」である。

「四戒」とは、「驚」「怖」「疑」「惑」の四つのことだ。ちなみに「惑」には、「迷う」「うろたえる」「慌てる」という意味もある。

さて四つの戒めとあるように、これは己に対する教訓だが、逆に相手がこの禁を犯せばチャンスとなる。だから、どうすれば相手が驚き、怖れ、疑い、迷うかを絶えず意識しながら洞察力を磨く。それがポイントだ。

「敵は懸なり」

柳生宗矩は戦いに臨んでの心構えとして、相手は常に「懸(けん)」だと思えと言っている。
懸というのは**「立ち会うや否や一念にかけて厳しく切ってかかり、先の太刀を入れんと」**する状態をいう。

立ち会わぬさきは、敵は懸なりと覚悟して油断すべからず。用心専用なり。敵、懸なりと思わずして立ち会うや否や、ことのほか急々に厳しく仕掛けられては、我が平生の習い（い）も何の手も出でざるものなり。

立ち合い、つまり戦いでは、まずお互いが出方を探ることから始まる。そのため戦闘モードに切り替わるまで一〜二秒かかるのが普通だ。

ところが、この状態は一見用心深そうに見えて、案外隙だらけなのだ。

そんなとき、いきなり厳しく攻め立てられると防戦一方になってしまう。とても普段の実力など発揮できるものではない。だから宗矩は、最初に油断するなと忠告している。

実は開始直後、いきなり攻勢に出るパターンには二つのタイプがある。

一つは、相手の態勢が整う前に虚を突くもので戦術的には正しいといえる。ただし、これは気持ちに余裕がないと危ない。相手が虚の状態にあるのか、待ち構えているのか状況によって結果は違ってくるからだ。

日頃から相手の状態を観察する習慣を身につけておくことが大切である。

もう一つは、相手のことなどお構い無しに突っ込んでいくタイプだ。

そこには勝算などない。とにかく突っ込めば何とかなるかもしれない。運は天まかせというヤツだ。

このタイプは最初から勝つ自信などない。しかし、ただ待っていたのではやられてしまう。いや、不安のせいで待つだけの余裕がないといったほうがいいかもしれない。これは本能的な反応だが、窮鼠が猫を咬むようにときとして功を奏することもある。

このように行動は同じでも、その心理状態は天と地ほどの開きがある。だから相手の心理状態を観察することは、自分の心をコントロールする以上に大切なのだ。

いずれにしても勝負は一瞬だ。相手と対峙したときは、いきなり突っ掛かってくると考え、決して油断しないことが大切だと言う。

［敵になる］

敵になるというは、我が身を敵になり替わりて思うべきという所なり。世の中を見るに、盗みなどして家の中に立てこもるような者を、強いと思うものなり。しかし敵になって思えば、世の中の人を皆相手とし、逃げ込みてどうしようもない心なり。立てこもるのはキジなり。討ち果たしに入る人は鷹なり。よくよく工夫あるべし。

初めて対戦する相手は、強いか弱いかわからない。ところが我々は、とかく相手を強いと思いがちである。それは正体がわからないという不安がそうさせるのだが、実は相手も同じ心境なのだ。例えば試合などで会場を見渡したとき、オドオドした選手を目にすることは滅多にない。誰もが試合慣れした顔をしていて落ち着いてみえる。

しかし実際は、程度の差こそあれ皆緊張しているのだ。中には試合など関心がないように、はしゃぎまくっている者もいるが、こういうタイプは得てして不安の裏返しの場合が多い。

「敵になる」というのは相手の立場になる、つまり相手の気持ちを知れということに他ならない。相手は不安でいっぱいなのだ。こちらを強いと思っているのだ。

家に立てこもった強盗を誰もが恐ろしい人間だと思う。ところが実際は、強盗のほうがもっと恐がっているのだ。しょせん強盗はキジであり、周りの人は鷹である。それがヒトの心理だと宗矩は諭している。

何事においても余裕は大切だ。気持ちにゆとりがあるとないとでは、動きに雲泥の差が出る。他の選手がみんな緊張していると思えば、少しは気が楽になるであろう。

［景気を見る］

さて、次は「景気」を知ることだ。

「景気を見る」というのは、相手のタイプをよく洞察するという意味である。

それは単に心理状態だけでなく、流派や性格あるいは長所、短所なども見極めると共に、ときには意表をついて相手の調子やタイミングを計るなどして、様々な角度から相手の要素を引き出すのである。

そして常に先手を取り、勝利を掴むのだ。

敵の流れをわきまえ、相手の人柄を見受け、強き弱き所を見つけ、敵の気色に違うことを仕掛け、敵のめりかりを知り、その間の拍子をよく知りて、先を仕掛けるところ肝要なり。

昔から敵を知ることは、戦いの鉄則とされている。

ところが現実には勝ちたい、あるいは負けたくないという思いばかりが強く、相手のことなど構っていられないのが実情だ。それは一対一の戦いで特に顕著に表れる。

理屈ではわかっていても相手の一挙手一投足に目が奪われ、とても観察どころではないのではないか。しかしながら、それではいつまでたっても強くはなれない。


敵を知り己を知らば、百戦危からず。

敵を知らず己を知らば、一には勝ち一には負ける。

敵を知らず己を知らずば、戦うごとに必ず敗れる。


これは孫子の言葉だ。

［陰を動かす］

相手を観察する習慣ができてくると、今度は逆に迷いが生じる場合がある。

今までは何もわからず、ただ勘だけで勝負していたものが相手が見えてくると、かえって慎重になってしまうのだ。

この場合はフェイントを仕掛け、相手の狙いを見定める必要がある。

フェイントというと、普通はタイミングを外して隙を作らせるのが目的だが、相手の意図を見破るときにもフェイントは有効だ。

陰を動かすというは、敵の心の見え解らぬ時のことなり。……中略……
ふっと打たんとすれば、敵思う心を太刀に現わすものなり。
現われ知るるにおいては、そのまま利を受けて、確かに勝ちしるべきものなり。

何事においても、相手を知ろうとする姿勢が大切だ。観察眼や洞察力という能力は、多分に個々の性格的な面に左右される。しかし、スポーツと異なり、一瞬の隙が死に直結する武道では、運動能力以上に重要な要素といえよう。

戦い方の工夫

[強い者が勝つとは限らない]

兵法に「寡(か)は衆(しゅう)に適せず」とか「小敵の堅(けん)は、大敵の擒(とりこ)なり」などということわざがある。

戦いは数が多いほうが勝つ。それが道理だ。これは洋の東西を問わない。少ないより多いほうが、小さいより大きいほうが、短いより長いほうが、遅いより速いほうが有利だ。しかし道理とは、正しくはあるが絶対ではない。そこに工夫の余地がある。

武道は、もともとは武芸と称し、刀術、弓術、槍術、馬術、砲術、柔術などの総称であった。中でも代表的な存在が刀術だ。

日本の刀は、非常に高い殺傷力を持っていたため、パワーより技が、運動能力より精神力が強く求められた。その意味では、西洋スポーツとは異なった価値観のもと発展してきたといえる。

スポーツの勝敗は、与えられた条件の中で優劣を競う。それに対し武道の場合は、原則的に前提条件がない。

だから、槍と刀で戦っても不公平だという発想はない。

有利な者が必ず勝つという考え方は、現代と比べるとはるかに希薄であった。

あるとき、宮本武蔵のところへ一人の少年が尋ねてきた。聞けば明日はあだ討ちだという。

「私は父の仇を追い、諸国を探し回っておりましたが、この地においてようやく仇敵を見つけることができました。しかし相手は免許皆伝の腕前、とうてい私の及ぶところではありません。返り討ちにあうのは必定ですが、せめて一太刀なりともあびせる技をお教えください」

黙って聞いていた武蔵は「良いお覚悟じゃ。この武蔵が確かな術を伝授いたそう」と言い、少年を稽古場に連れていった。そして構えや間合、刀の振り落とすタイミングなどを教え、一晩かけて、その呼吸を修得させた。

「もはや懸念には及ばぬ。これでおぬしは、たとえ敗れても必ず一矢報いられよう」と言った。そしてさらに「決戦場に行ったら、まず足下を見るが良い。もし足下に蟻（あり）がいれば吉兆、そちが願いは必ずかなうはずじゃ」と付け加えた。

翌日、少年があだ討ちの場に行き足下を注視すると、おびただしい数の蟻が動き回っていた。それを見た少年は意を強くし、見事本懐を遂げたという。一方、少年は無傷であった（本朝武芸小伝より）。

わが国には、このような逸話が数多くある。その大半は創作だが、ここで大切なのは、それらが事実かどうかではない。

この季節、決戦場に蟻がたくさんいるのを武蔵は知っていた。そして、勝負が技量だけで決まるのではないこともわかっていた。

武蔵が蟻を見せようとしたのは単なる暗示か、足場の確認か、あるいは上がってしまう気を落とすためか、いずれであっても、この逸話のポイントは、手段や技ではなく足下を見させるところにあった。それが勝利を導いたのである。

［懸と待］

心と身とに懸待あること。心をば待に身をば懸にすべし。何故なれば、心が懸なれば走りすぎて悪しきほどに、心をば控えて待(たい)にもちて、身を懸にして敵に先をさせて勝つべきなり。心が懸なれば、相手をまず切らんとして負けるなり。

柳生宗矩によれば、心と身体は同じ状態であってはならない。つまり「懸」と「待」に分ける必要があるという。

「待」は、待つと書くため受身の姿勢と思われがちだが、そうではない。はやる気持ちを抑え、冷静さを保つ「心」のことだ。

一方、身体のほうは「懸」にして、絶えず相手にプレッシャーを与えるようにする。そうすることによって、耐え切れなくなった相手が打ってくる瞬間を勝つのだ。

人は勝ちにばかり執着すると、とかく気持ちが先行して失敗する。だから態勢は「懸」にして、心は「待」にしておかなければならないという。

なお、「懸」と「待」の関係について、宗矩は次のようにも言っている。

又の儀には、心を懸に身を待にとも心得るなり。なぜなれば心は油断なく働かして、心を懸にして太刀をば待にして、人を先にさするの心なり。

柳生流では、常に相手から攻めさせることを鉄則としている。この戦法で大切なのは、決して受身になってはならないということだ。つまり、相手が打ってくるのを待っているのではなく、打たせるのだ。

柳生流を「先々の先」とするか「後の先」とするかはともかく、「後の先」とは相手が攻めてくるのを待ち構えていることではない。打たざるを得なくするところにポイントがある。そのため一方を「懸」にして追い込み、他方の「待」で勝つのだという。

【大拍子と子拍子】

敵が大拍子に構えて太刀を使わば、我れは子拍子に使うべし。敵、子拍子ならば、我れは大拍子に使うべし。これも敵と拍子を合わせぬように使う心持なり。拍子が乗れば敵の太刀が使い良くなるなり。

これは宗矩の「兵法家伝書」の中の一節だが、同様の内容が武蔵の「五輪書」にも書かれている。

兵法の拍子において様々あることなり。まず合う拍子を知って、違う拍子をわきまえ、大小遅速の拍子の中にも当たる拍子を知り、間の拍子を知り、背く拍子を知ることは兵法の専なり。この背く拍子わきまえ得ずしては、兵法確かならざることなり。

弱い相手なのに負けてしまうときがある。あるいは苦手なタイプがある。こういう場合、単に相性が悪いというだけで納得してはいないだろうか。

戦いはリズムだ。この場合の拍子とは、必ずしもリズムとイコールではないが、リズムでも拍子でも自分本位のマイペースではいけない。かといって相手のペースに惑わされるのはもっとまずい。武蔵が「背く拍子」と言っているように相手のリズムを崩しながら、こちらのペースに持ち込むのが勝利の要訣である。

なぜ相性が悪いのかを分析してみると、原因は案外この拍子の違いにあることが多い。

［うつらかす］

宮本武蔵という人間は、人の心を観察する能力に長けていたものと思われる。彼の著書には、相手の心理状態を前提にした戦い方が数多く解説されている。

柳生宗矩や沢庵和尚の「不動智神妙録」が自分の心のあり方を、すなわちとらわれのない心を最も重視していたのに対し、武蔵は相手の心の動きを前提とした技術論が多い。

移らかすというは、物事にあるものなり。
眠りなども移り、或いはあくびなどの移るものなり。時の移るもあり。
大勢の兵法にして、敵浮気にして事を急ぐ心の見ゆる時は、少しもそれに構わざるようにして、いかにもゆるりとなりてみすれば、敵も我が事を受けて、気ざし弛むものなり。

これも一つの拍子だ。

試合などでお互いが攻めあぐんでいるとき、一人がフッと気を抜くと相手もつられて態勢を立て直すシーンがある。

そうかと思うと、双方とも一気にテンションが高まり、いきなり火花を散らすような攻防が繰り広げられる場面もある。

いずれもお互いの拍子が一致した結果といえるが、空手に限らず長年同じ競技を続けていると、ある程度、動き方のスタイルも似てくる。特に日本人の場合、基本を重視するあまり個々の動きまで制約されることが多く、拍子が一致しやすいともいえる。

だから武蔵は、気を抜いたフリをして相手を油断させよと言っているのだ。

［山海の心］

山海の心というは、敵と我れ戦いのうちに同じ事を度々すること、悪しきところなり。同じこと二度までは是非に及ばず、三度するには非ず。敵に技を仕掛くるに一度にて用いずば、いま一つ仕掛けても役に立たず。全く違ったことをし、それも量ゆかずば、また別の技を仕掛くべし。敵、山と思わば海と仕掛け、海と思わば山と仕掛くる心、兵法の道なり。

確かに仕掛けた技が通用しないのはタイミングが悪い場合もあろうが、案外相手にとって対応しやすい技であったりする。だからもう一度試すのはやむを得ないが、三度同じことを繰り返してはならないと忠告している。

中には得意技にこだわる者もいるが、自分の得意技が誰にでも通用するとは限らない。

常に相手の意表をつくこと、それを「山海の心」という。

［四つ手を放す］

四つ手を放すとは、敵も我れも同じ心に張り合う心になっていては、戦いのはかゆかざるものなり。張り合う心になると思わば、そのまま心を捨て、別の利にて勝つことを知るなり。大分の兵法にしても、四つ手の心にあれば、はかゆかず人の損ずることなり。早く心を捨てて、敵の思わざる利にて勝つこと専なり。

一分の兵法にても、四つてになると思わば、心を替えて、敵の位を得て、各別替りたる利をもって、勝ちをわきまゆること肝要なり。


四つ手とは膠着状態をいう。

したがって「四つ手を放す」とは、膠着状態を解くことである。つまり、いつまでも双方が張り合っていては埒があかないので、そこに執着せず、別の利、他の方法で勝つことを知れというのだ。

大分の兵法とは軍勢、一分の兵法とは一対一の戦いを指す。

いずれの戦いでも膠着状態になりそうだったら、早々と切り替えられる柔軟さが欲しい。それが洞察と戦術である。

［ひしぐ］

たまに見られる光景だが、ポイントを取られた選手が再開直後、すぐまた取られることがある。これは選手が居ついてしまうところに原因があるのだが、一般的にポイントを取られた直後というものは気持ちが微妙に揺れ動く。必要以上に慎重になったり不安になったり、あるいはカッとしたりして、焦りや迷いなどが生じやすい。

このような状態は、気持ちがニュートラルではないから隙となってしまう。

戦いでは、必ずしも実力どおりの結果になるとは限らない。一瞬の隙が勝敗を分けるからだ。そういった意味では、技やスピード以上に隙に対する感覚が大事だ。

その隙を相手に見出したときは、一気にたたみこめというのが武蔵の意見である。

ひしぐというは、例えば敵弱くみなして、我強めになって、ひしぐという心、専らなり。

……中略……

退りめになるとき、少しも息をくれず、目を見合わせぬようになし、真っ直ぐにひしぎつくること肝要なり。

ひしぐとは「押し潰す、くじく」という意味だ。

つまり相手が弱気になったとき、あるいは受身になったとき、それがわかったときは、ヘタに余裕など持ってはならない。息をもつかせず、相手の眼も見ずに一気に打ちのめすことが肝要だという。

これは前述した柳生宗矩の「顔も上げさせず打て、そうすれば一太刀で終わる」に通じるものがある。

ことわざに「溺れる犬は打て」（魯迅）とある。一気に押し潰さなかったために盛り返され、逆転されてしまうケースは意外と多い。

戦いとは相手を立ち直らせないことが鉄則なのだ。これを「底を抜く」という。

第6章 間合、目付、残心

技法編

間合

［間合は三つ］

間とは適合のことなり。自分の太刀を三尺と見て、合わせて六尺の間なり。一足出さねば敵に当たらぬゆえ、打つも突くも当流一足一刀と教えたり。

この間合の大事、常の稽古に自得すべきところなり。また曰く、間とは周光容間（※）などと云うて、敵の隙間次第に入りて勝つの意味なり。（山岡鉄舟）

※周光容間……光は隙間があればサッと入り込むということ。

昔から、間合を制する者は勝負を制するといわれてきた。

間合は呼吸だとする説もあるようだが、ここでは物理的な距離をもって間合とする。

そして一足一撃の距離を基本の間合とし、それよりも近い場合を近間、離れている場合を遠間とする。

近間タイプの選手よりも、遠間タイプの選手のほうが有利だといわれることがある。しかし実際には、必ずしもそうとは限らない。確かに近間の選手は相手に近づかなければならないから、その分だけ遠間の選手より危険度が高いようにみえる。ところが遠間の選手というのは、概して近間での対応が下手な場合が多いのだ。

近間の選手だからといって、いつも相手に対して近い距離にいるわけではない。お互いが探り合っている間は当然安全圏にいる。そして相手の虚をつき、一気に相手の懐に入り込む。そんなとき、遠間の選手は一瞬受身になりやすい。近距離での受身は致命的だ。

遠間の選手は安全圏から攻撃ができるとはいえ、距離があるぶん相手に応じるだけの余裕を与えていることになる。

だから近間と遠間は、どちらが有利かというと物理的には遠間有利だが、勝負の結果はそうとばかりはいえないのだ。したがって日頃から近間や遠間のタイプを想定して、臨機応変の力を養っておくことが大切である。

間合を意識することが大切

間合は人によって微妙に異なる。わかりやすく三つに分類できるとはいえ、明確に区分できるわけではない。だから、いかに早く相手の間合を知るかが試合を左右する重要なカギとなる。

ところが空手の場合、間合に対する認識は全般的に希薄だ。

確かに蹴り技や攻撃部位によって間合いも変化する。そのせいか何となく離れていれば安全、近づくと危険ゾーンと、漠然とあるいは本能的に感じているだけの選手が多い。しかし誰でも、どの位置からだと攻めやすいか自分のことであればわかるはずだ。それは相手にも同じことがいえる。間合は存在する。だから選手は、普段から相手の間合がどのくらいなのか、常に意識する習慣を身につけておかなければならない。

例えば、後の先を得意とする待ち拳タイプは近間が多く、連続技より単発で攻めるタイプには遠間が多い。もちろん全てが当てはまるわけではないが、間合をしっかり掴んでこそタイミングの良い「合わせ技」や「返し技」が生きてくるのだ。

［無刀取りの核心は間合］

柳生新陰流の極意「無刀取り」は、**「我は敵の太刀の柄の下になりて」**というように相手が切りかかってくる刹那、一瞬速く飛び込むことがコツだと述べたが、無刀取りは単に刀を取り上げるだけが目的ではないという。

無刀とて、必ずしも人の刀を取らねば、かなわぬという儀にはあらず。
また刀を取ってみせて、これを名誉にせんとてもなし。
我が刀なきとき人に切られぬための無刀なり。
さあ取ってみせよう、などということを本意とするにあらず。

これは「兵法家伝書」の中の一節だ。無刀取りのような神業は、技そのものが奥儀と思われがちだが、そういう風潮を柳生宗矩は明確に否定している。

本来の目的は**「無刀というは、人の刀を取る芸にはあらず。諸道具を自由に使わんがためなり」**とあるように、相手の刀を取り上げるほどの力量があれば扇子一本で十分通用する。そのための便法だというのだ。

そして改めて**「無刀とは取る用にてはなし。人を切らんにてもなし。敵から是非切らんとせば**（そのときは）**取るべきなり。取ること初めより本意とはせざるなり。**（無刀の本来の目的は）**よく間合を心得んがためなり」**と、無刀取りの目的は間合の習得にあると明言している。

間合さえ習得できれば、**「敵は当たると思うて撃てども、間合あれば当たらぬなり。当たらぬ太刀は死太刀なり。そこを、こちらから踏み込んで撃って勝つなり」**ということも可能だ。これは後の先だが、後の先では特に間合がポイントとなる。

近間

一足一拳（撃）の間

遠間

［間合は呼吸？］

間合を呼吸とする説については、古藤田弥兵衛が「一刀斎先生剣法書」の中で次のように述べている。

勝負の要は間なり。我、利せんと欲すれば、敵も利せんと欲す。我、仕掛けんとすれば、敵もまた来たる。勝負の肝要は、この間にあり。故に、我が流儀の間とは、位、拍子に乗ずるをもって間というなり。

……中略……

古語に曰く……遠きを慮（おもんぱか）らざれば、すなわち近きに必ず憂いあり。……故に間は遠近の差別なく、その間を守らず、その変を待たず、敵に致されずして疾くその位を取るのは当流の真髄なり。

このように間とは遠近、つまり相手との距離を指すのではなく、戦いの駆け引きの中にある。それが間というのである。そういった意味では間とは呼吸、タイミングともいえる。

目付

昔から武道は「一眼、二心、三足」といわれてきた（「一眼、二足、三胆、四力」という場合もある）。戦いでは何よりも、相手の動きを見極めなければならない。だから眼の役割は非常に重要だ。そのため多くの教訓が今日に伝えられている。

［眼のつくり方］

宮本武蔵は、具体的な眼のあり方として次のように述べている。

目の納めようは、常の目より少し細きようにして、うららかに見るなり。目の玉を動かさず、敵近くとも、いか程も遠く見る目なり。（兵法三十五か条）

あるいは、次のようにも。

額にしわをよせず、眉間にしわをよせて、目の玉動かざるようにして、まばたきせぬように思いて、目を少しすくめるようにして、うらやかに見ゆる顔で、鼻筋を直にして、少しおとがいを出す心なり。（五輪書）

一瞬のまばたきが勝敗を分けることは多い。そのため普段から、できるだけまばたきをしない訓練をする者さえいる。

まばたきをしないようにするには、あまり眼を大きく開けたり力んではいけない。かといって単なる薄眼では焦点を合わせにくい。そこで、ほんの少し眉間に縦しわができるようにし、眼を細めると比較的長い時間まばたきをしないようにできる。これを平眼という。

打ち込んだ瞬間はともかく、対峙しているときからこういう眼は良くない。

宮本武蔵の平眼。

［眼はどこを見るか］

次は眼の付けどころ、つまり戦いの最中は相手のどこを見たら良いかだ。

稽古中、向こうの切っ先、向こうの拳、この二つの目付は常々忘るべからず。打ち突きの出るところ切っ先と拳より他になし。このところを防がねば向こうは自由に働きて難しきものなり。（千葉周作）

千葉周作は、相手の剣の先と剣を握っている拳の二箇所をよく見よという。その理由は、相手が攻撃を仕掛けようとするとき最初に動くのは剣先と拳しかないからだ。

だからそこを押さえよと言うのだ。その瞬間を押さえないと間に合わず、結果として相手の自由にされてしまうと忠告している。

打ち突きの出たる所にて、受け止めんとしては打たるるものゆえ、とかく向こうの拳を防ぐこと専なり。

相手の剣先や拳の動きを見過ごし、攻撃されてしまった時点ではすでに手遅れなのだ。

同様のことを山岡鉄舟も言う。

二つの目付とは、敵に二つの目付あり、ということなり。まず敵の一体と見る中に、眼の付け所は二つあり。切っ先に目を付け、拳に目を付く、これ二つなり。ゆえに拳動かねば打つことかなわず、切っ先動かねば打つことかなわず。これ二つを付くる所以なり。

ただ鉄舟は続けて、**「敵にのみ目を付け、手前を忘れてはならぬゆえ、己をも知る必要あるをもって方々にこれを二の目付というなり」**と、敵だけでなく自分をも知るという、二つの意味を含めて二の目付というのだとつけ加えている。

［武蔵の目付］

これに対し宮本武蔵は、違う考え方を持っていたようだ。

目付といいて、その流（派）により、敵の太刀に目を付くるもあり、または手に目を付くる流（派）もあり。あるいは顔に目を付け、あるいは足などに目を付くるもあり。そのように、取り分けて目を付けんとしては紛るる心ありて、兵法の病というものになるなり。

つまり流派によっては目付と称して敵の刀や手、あるいは顔や足などに注意するところがあるが、ことさらどこかに目を付けようとするとかえって惑わされて、いわゆる兵法の病というものになる。例えば、「毬を蹴る人は毬を見なくても蹴れるし、曲芸師もたくさんの刀や手玉を自由に操ることができる。しかし、それらの技は決して物を見ながら行なっているわけではない。何事も熟達すれば、そこに目を付けていなくても自然と見えるようになるのだ」と。

では武蔵は、目付についてはどうでも良いと考えているのか、というとそうでもない。

目を付けるというところ、昔は色々あることなれども、今伝わるところの目付は、大体顔に付けるなり。

とあるように、武蔵の場合は顔を勧めている。

「見る場所が大事なのではない」

「一眼、二心、三足」といわれるほど、眼の働きは大事だ。その大事な目の働きである目付が、剣聖とまでいわれた人たちの間で、なぜ意見が異なるのか。

これについては、もう一度「五輪書」を見てみよう。

目の付けようは、大きく広く付ける目なり。観、見、二つのこと、観の目強く、見の目弱く、遠き所を近く見、近き所を遠くみること兵法の専なり。

この場合の観とは相手の内面を見ること、つまり心を読むことだ。それは眼で見ることよりも重視しなければならない。

「遠き所を近く見、近き所を遠く見る」というのは、現われていない部分に注意し、目の前の動きに惑わされないという意味である。つまり、どこを見るかはそれほど重要ではないのだ。

目の玉動かずして、両脇を見ること肝要なり。

かようなこと忙しきとき、俄かにはわきまえがたし。この書付けを覚え、常住この目付きになり

て、何事も目付きの変わらざる所、よくよく吟味あるべきものなり。

「目の玉動かずして両脇を見る」とは、視線を相手の拳あるいは顔を見ているようでも、意識は両脇にあるということだ。眼をキョロキョロさせてはいけない。視線を変えずに全体の動きを常に注視する。これが大切だ。

しかしながら、こういう見方はいざというときすぐにはできないから、この書付をよく学び、いつもこういう目付ができるよう心得よという。

これについては後述の「拍手止め」が参考になろう（229頁～参照）。

拍手止めの稽古では、視線は相手の顎のあたりに置く。だが実際に見ているのは両手の先端だ。これも初めのうちは相手の動きが見えにくいが、慣れてくると指先まではっきりと見えるようになる。そうなると初めから下を向いて両手を見ているより、むしろ惑わされないで素早く反応ができる。この感覚が目付の要領と考えれば良い。

［遠山の目付］

さて、この目付を空手に当てはめた場合はどうであろう。空手では目付についても、それほどやかましく指導している道場はなさそうである。

筆者が見聞した範囲では、相手の眼、肩、顎の周辺あるいは両方の拳、両足、等々いろいろな考え方があった。

しかし目付の本来の目的からすれば、どこを注視するかは問題ではない。

そこで次は、イメージ的にわかりやすい「遠山の目付」について説明しよう。

遠山の目付とは読んで字のごとし、遠くの山を眺めるような目付きである。遠くといってもはるか彼方では遠すぎるが、例えば近くの山を麓から全体を眺めている場面を想像すると、わかりやすいかもしれない。

さて、今あなたは目の前にある山の左側について観察を任されたとしよう。

岩の形や木々の状態、登山者の動き、あるいは鳥が飛んでいるかもしれない。当然、あなたは山の左側から眼を離さず、しっかりと状況を把握しようとする。

ところがしばらくすると、今度は右側に流れている川の状況も観察するよう頼まれてしまう。そうなると、あなたは山の左右をいつも見張っていなければならないから、絶えず眼をキョロキョロさせて休む暇もない。そんなとき人も鳥も同時に動かれると、どうしていいか迷ってしまうほどだ。

遠山の目付では、そういう見方はしない。

視線は山の中腹辺りに置き、瞳は動かさない。しかしながら、右側の人の動きも左側の鳥の様子もしっかりと意識する。だんだんと慣れるにしたがい視野も広がっていき、登山道の入り口や大空までも眼に入ってくる。そうなると人の流れも、空を飛び交う鳥の動きも事前に予測できるようになり、観察もずっと楽にこなせるようになる。

もっとも、本来の遠山の目付とは、単に現象面だけを見ていれば良いのではない。相手の心の動きまでも観ることが求められる。

フェイントや挑発など一つひとつの動作にとらわれず、心の深奥で微かな気配も見落とさない、そういう静かな緊張感の中で、相手の動きを洞察することをいうのである。

遠山の目付

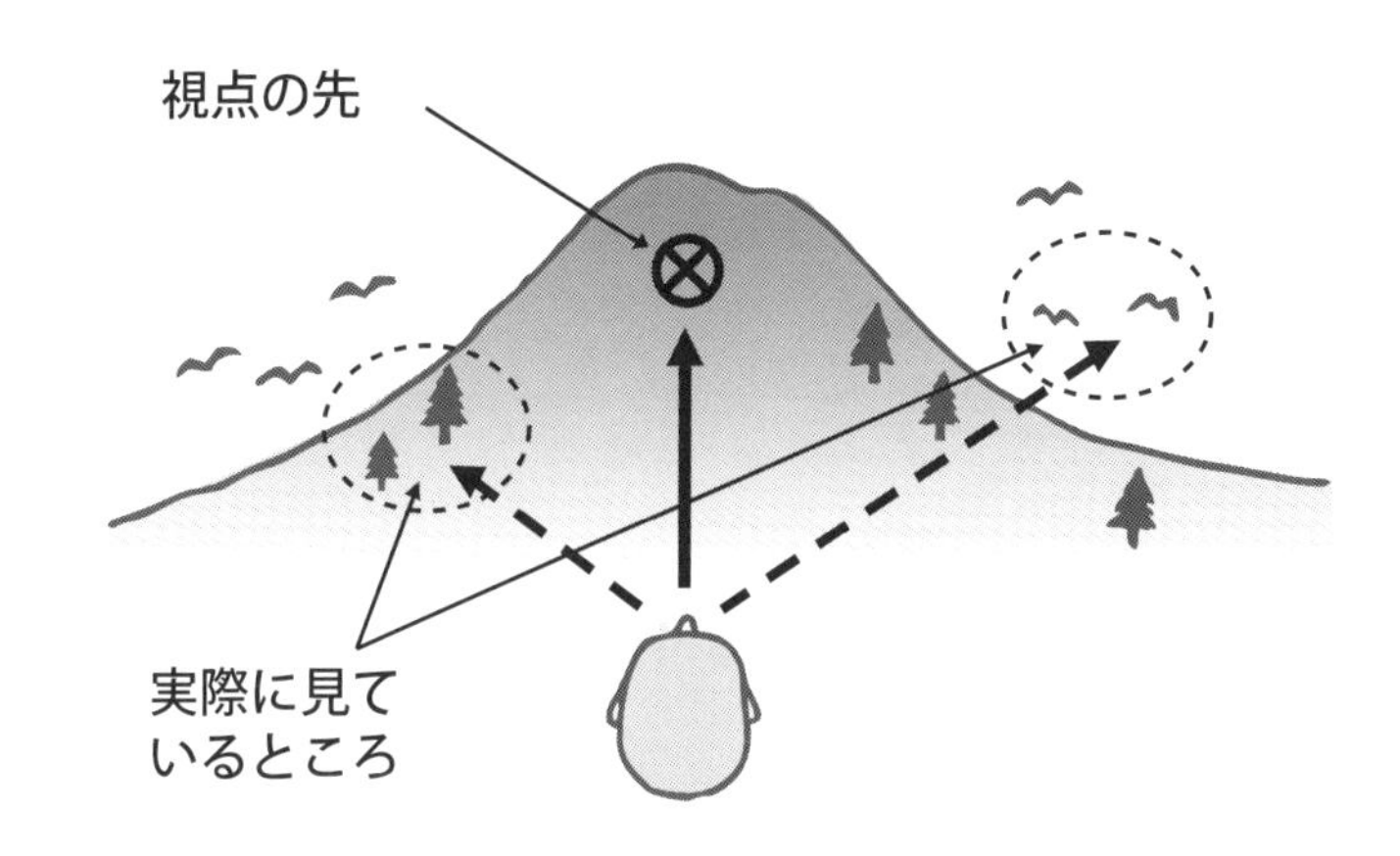

<眼の端で両手を見る訓練>

徐々に視野を広げていくことで、動体視力も高められる。

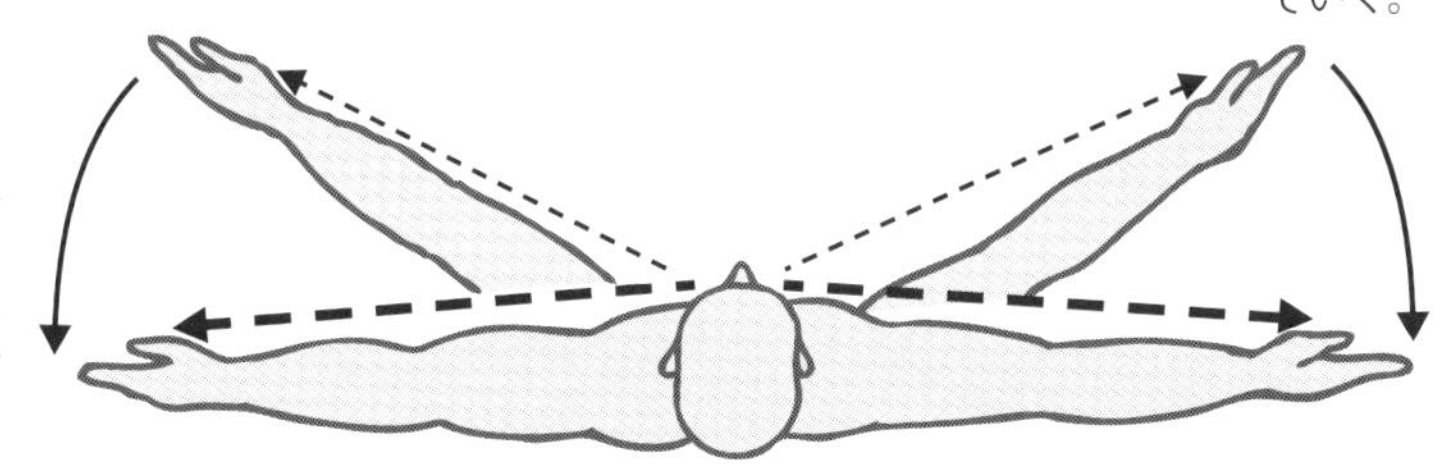

残心

［残心の定義］

全日本空手道連盟の競技規程によれば「残心とは、相手の反撃の可能性をも見る継続的な集中力である。技をかけた後、顔を背けることなく、相手に正面を向けていること」と定義されている。

また広辞苑では「剣道では、撃突した後、敵の反撃に備える心の構えをいい、弓道では矢を射放した後の反応にこたえる構えのこと」であるとし、どちらも攻撃のあと油断しない心構えを指している。

ところで、この残心を剣豪たちは、どう考えていたのだろうか。残心については、昔から多くの誤解があったようだ。

そこで先人たちの教えを見ながら考察してみよう。

［天狗芸術論の残心］

「猫の妙術」などで有名な佚齋樗山子（丹羽十郎左衛門忠明）が残した「天狗芸術論」は、一人の武芸者と天狗との問答の形をとっている。

その中の一節に次のようなものがある。

武芸者

「諸流に残心ということがありますが、何を指して残心というのでしょうか」

天狗

「残心とは技に囚われることなく心体が不動である場合のみをいう。心体が不動であればどのようにも対応できる。これは日々の生活においても同様である。振り上げた刀を奈落の底まで打ち込むといえども我はもとの我、その本心は失われていない。それゆえ前後左右、自由自在に動くことが可能となる。技に全身全霊を注ぐことが大切で一部を残すというのではない。心を残せば心は二つになってしまう。

だからといって心体がしっかりしないまま、ただ無心に打つというのであれば、それは単に盲打ち、盲突きというものでしかない。

これらの微妙なところは説明しがたい。間違って理解すれば大いに害があろう」

「兵法十二箇条」の残心

山岡鉄舟は「兵法十二箇条」で次のように言う。

残心とは、心を残さず打てということなり。

当たるまじと思いつつ、わざと打つなどは皆残心なり。

心を残さねば完わるなり。完われば本に戻るという理なり。

かく言えば、行き過ぎて逆に打たれるようなれども、かく危き所を務めねば狐疑心になりて負けを恐れ、間髪を入れる神妙の技に至ることかなわず。

二人に共通しているのは、攻撃は思い切り余さず打てということだ。

防御を意識しながら攻めるのは一見合理的なようだが、実は中途半端でしかない。

攻めるときは全身全霊をもって攻め、そこには微塵の不安もない。それは松浦静山がいうところの**「神仏の力にて打ち落とす」**（２０８頁参照）に通ずる。

これらからすると、残心とは心を残さないというのが、本来正しい意味のようだ。

つまり、「相手の反撃の可能性を見る継続的な集中力」や「敵の反撃に備える心の構え」は、本来の「残心」ではないのである。

しかし残心という言葉から、心は残すものという理解が生まれ、その結果油断しないという解釈が成立したものと考えられる。

だから、「残心」と「残身」を混同したような説明が一般化してしまったのであろう。

［残心はなぜ大切か］

では、残心を油断しないことと解釈するのは誤りなのだろうか。

宮本武蔵は残心について、「放心」とあわせて次のように語っている。

残心、放心は、事により時に従うものなり。
我太刀を取りて、常は意のこころを放ち、心のこころを残すものなり。

また敵を確かに打つときは、心のこころを放ち、意のこころを残す。

残心、放心の見立ていろいろあるものなり。


放心とは、心がとらわれていない状態を指す。

放心というと放心状態を連想してしまうため、何となく注意力が散漫な感じを受けるが、そうではない。昔から、放心は武道の世界では非常に大切な心構えの一つになっている。

つまり放心とは、何ものにもとらわれない不動心であり、それによって初めて残心が可能となる。

そして心を残さず打てば、自然と隙は生じなくなるというのだ。

くどいようだが、心を残さず打つことが残心の本旨であって、油断しないことが残心ではない。

打ったあと隙ができないのは、正しい残心によって結果として生じるのであり、最初から油断しないことが残心ではない。それでは本末が転倒してしまうのである。

心法編

威勢について

威は状況に臨んで変化せず。その備え正明にして動かざる全体を威という。動かずして敵を制するは威なり。これを不転の位（不動の境地）という。すでに動きて敵を攻めるは勢なり。これを転化の位という。

威は静かにして千変を具し、勢は動じて万化に応ず。故に威をもって敵に対し、勢をもって敵に勝つものなり。威と勢は二つにして一つなり。一つにして又二つなり。威に勢あり、勢に威あり。（古藤田弥兵衛「一刀斎先生剣法書」より）

一般的に「威勢がいい」というと、単に勢いがあるとか元気が良いというような意味に捉えがちだが、武道の世界における「威勢」とは、もう少し内面的なものを指している。

「威」は「威圧」の「威」であって、じっとしていても相手にとっては攻め込むスキのない状態であり、下手に動けばたちまち打ちのめされてしまうような、恐怖心を与えるほどの迫力を持つ。

そしてひとたび動かれたら、その勢いはとどまるところを知らず、どのようにしても防ぎようのない状態を「勢」という。

この二つは決して別々のものではなく、二つで一つであるというのだ。剣の世界だけでなく武道においては、このような内面性が非常に重視される。

【空手道選手　N君の場合】

N君は大変スピードのある空手道選手で、バネがあり技も多彩だ。大会での実績も多く、その安定した実力は高く評価されている。このN君が、あるときナショナルチームの一員であった選手と対戦したことがある。その選手はすでに現役を離れていたが、後輩たちの指導も兼ねて時々試合に参加してくることがあった。

試合前の予想では、スピードに勝るN君有利との評判であった。

しかし、いざ試合が始まってみると、N君の動きにいつもの切れがない。しかも、どっしりと構えた相手に対し自分の間合が取れないでいる。

組手では間合が非常に大事だ。
柳生流の極意「無刀取り」は、相手が切りつけてくる刹那、刀を取り上げてしまうという神業だが、柳生宗矩は「無刀取り」の目的の一つに間合の習得を挙げている。
空手においても強い選手は、一様に間合の取り方がうまい。

N君も間合の取り方については定評があった。得意のバネを生かしたフットワークは自在を極め、相手との距離はいつも一定していない。そのため、相手は翻弄され続けたあげく敗れ去るのである。
ところがこの日は違っていた。フットワークこそいつもどおり軽快であったが、肝心の間合が取れない。いわゆる危険ゾーンまで入り込めないのだ。

それどころか動けば動くほど、ジリジリとコーナーへ追い詰められていく。切羽詰ったN君は、相打ち覚悟で中段の前蹴りを放った。そして、ほとんど同時に上段突きを繰り出した。その素早さと絶妙のタイミングに思わず観客から「ヨシッ！」と声が掛かったほどである。

しかし、であった。N君の突きは、相手のあごに対しわずかにショートしていたのだ。明らかにN君の突きには伸びがなかった。返し技を意識しすぎたのか腰が残り、肩にも力が入っていた。

だが問題はその後である。

誰しもが惜しいと思った次の瞬間、何とN君は足払いを食って仰向けにひっくり返されてしまったのだ。

後で聞いた話だが、この瞬間、N君の頭の中は真っ白になってしまったという。

一般的に見て、選手は足払いなどで倒されると動揺しやすい。プライドが傷ついたり、とても勝てないのではないかと疑心暗鬼に陥ったり、いずれにしても焦ってしまうケースが多い。N君の場合も同様であった。

人は勝ちたいという思いが強すぎると、かえって不安が大きくなるものだ。

では勝とうと思わなければ良いかというとそうもいかない。勝とうと思ったら勝てないが、勝たなくてもいいやと思っていたら絶対に勝てない。そこが勝負の難しいところだ。

それでは、どうすれば良いのか。心のあり方については後述するが、いずれにしてもN君の場合は、足払いによって平常心が乱れてしまった。その後の展開はいうまでもない。

【勢いだけでは勝てない】

このことからもわかるように、N君は今まで「勢」だけで勝ってきたといえる。人並み外れた動体視力や運動神経があれば、相当のレベルまで到達することはできる。ところが身体能力に優れた選手というものは、得てしてテクニックに頼り過ぎるきらいがあるのだ。

選手はもっと「威」について研究していく必要があろう。そして「威」とは何か、「威」を身につけるためにはどうすれば良いのか、常に「威」を意識して稽古することが大切だ。

古藤田弥兵衛も言っているように、**「威と勢は二つにして一つなり。威に勢あり、勢に威あり」**なのである。

そこで次は、「威」に通ずるものとして、武道の世界でよく使われる「先」について考えてみよう。

先（せん）とは何か

【主導権を握ることが大切】

一般的に理解されている「先（せん）」とは「先手必勝」の先であり、「先んずれば人を制す」の「先」だ。空手道においても「空手に先手なし」というのがある。そこで達人といわれた人たちが言うところの先とは、どのような意味を持っているか検証してみたい。

丹羽十郎左衛門忠明、別名、佚斎樗山子は、下総関宿藩士で、柳生十兵衛や宮本武蔵が没した後に生まれている。禅や儒教、老荘などに造詣が深く、文才にも長けていた。中でも「田舎壮子」にある「猫の妙術」や「天狗芸術論」は有名だ。

忠明は言う。

各流派に先ということあり。これは初心者のため鋭気を助け、惰気にムチ打つための言なり。心体不動にして己を失わず、浩気が身体に充るときは、いつも我に先あり。人より先に打ちつけんと、心を持ちうるにはあらず。

これを要約すると次のようになる。

初心者はなかなか自分から先に打ち込むことができないから、積極性を持たせるため、便宜上そういう表現を使っているのであって、決して相手より先に打ち込むことをいうのではない。

「先」とは、全身に生気がみなぎっている状態を指す。

つまり、形だけ先に動けば良いというのではなく、相手に対し主導権を確立することこそが「先」である、というのだ。

平山子竜の先

【子竜の荒稽古】

平山潜、字(あざな)を子竜(しりょう)、号を兵原、兵庵あるいは練武堂と称した講武実用流の祖。江戸時代後期の剣客で、門人に男谷精一郎や勝海舟の父小吉がいる。

子竜は伊賀衆の家に生まれ、剣のほか槍術、砲術、柔術、居合など武芸十八般をことごとく修め、その体力は当時の関取雷電でさえ及ばなかったという。

彼の剣法は厳格を極めた。

弟子の指導に際しては、一尺三寸（約四十センチメートル）の短い竹刀を持たせ、普通の長さの竹刀を持った相手に突っ込ませることを基本とした。当然、突っ込むほうは竹刀が短いわけだから相手に届く前に打たれてしまう。

最初のうちこそ防護用に頭にザルをかぶることが許されるが、慣れるにしたがってザルは外さなければならない。そうやって相手の竹刀が打ち下ろされる刹那、一瞬早く突っ込む呼吸を覚えさせられる。

方法はいたって単純明快だ。

だが、単純なだけに小手先のごまかしがきかない。極度の集中力と気迫を必要とする。高段者ともなれば木刀や真剣もあったというから、もし失敗すれば「ただ、脳天を撃ち割られるだけ」という凄まじさだ。

【剣は猿芸にあらず】

彼の著書「剣徴」の中には次のようなくだりがある。

孫子いわく「よく戦う者は、人を致して人に致されず」と。致すは主なり。致されるは客なり。しかれば主たるを貴みて、客たるを貴ばざることは戦闘の第一義なり。

子竜にしてみれば人を致して致されず、つまり相手に主導権をとられないようにすることが何より重要であるという。ところが、

いかんせん世の武芸を志す者、ここに目を開くことあたわず。ただ架隔（かかく）と受け、遮蘭（しゃらん）とさえぎり、ただ閃とはずす。これ人に致されて客となるものなり。これをよくする者を巧手の、妙技のと誉めたたえる。これをもって武人、かって敵を制するの機を知らず。

というように最近の武芸者は、いかにして主導権を握るかについては目を向けず、ただ巧みに受け流したり体をかわすことに専念し、しかも、そういうことが巧いと巧手だとか妙技とかいって誉

めたたえる。それは、昔の武士たちが理解していた、敵を制する機というものを今の人たちは知らないからだ、という。

耳の痛い話ではないか。

子竜に言わせれば、受けや体捌きなどは不要。そんなものが巧みでも負けないだけで、卑怯お粗末の極みだという。ましてや、それを誉める者は勝負の機というものを知らないだけだと断じている。

同じことは宮本武蔵も言っている。

「他流派の中には、技の数が多いことを売り物にしているところもあるが、人を切るのにそんなにいろいろな方法があるわけがない。にもかかわらず手をねじったり、身をひねったり、飛んだりして切ろうとしているが、そんなことで人が切れるはずがない。全く役に立たないことだ。我が兵法においては、身も心も真っ直ぐにして、敵をひずませ、ゆがませ、敵の心が　ねじひねるところにつけ込み勝つのである」

また**「受けると思い、張ると思い、当たると思い、粘ると思い、さわると思っては切ることはできない。何事も切り殺すためと思うこと肝要なり。よくよく吟味すべし」**とある。

最近の格闘技界は、技やスピードを優先し、テクニックに頼りすぎるきらいがある。たまに精神

面の重要性とか平常心、気力あるいは心のあり方などについての指導もみられるが、ほとんどが技術論の中での余談であり、単なる知識でしかない。それは、気迫や不動心を養うための具体的なメソッドが示されないことからも明らかである。

格闘技を武道として位置づけるのであれば、もっと具体的に心の強化について時間を費やすべきであろう。

子竜の本分は、相手がきたら打つ、逃げたら打つ、居ついたら打つ、ほんの一瞬でも隙を見せたら終わりだと思わせること。まさにヘビに睨まれたカエル状態にすることであり、それだけの気迫を相手に伝えることこそが武道の真髄なのである。

三つの先

【武蔵の先】

宮本武蔵は五輪の書の中で、「先」を次のように説明している。

三つの先、一つは我が方より敵へかかる先、懸の先と言うなり。また一つは敵より我が方へかかるときの先、これは待の先と言うなり。また一つは我もかかり敵もかかり合うときの先、体々の先という。これ三つの先なり。いずれの戦い始めも、この三つの先より他はなし。先の次第をもって勝利を得るものなり。

武蔵によれば「先」には三つのパターンがあり、自分のほうから仕掛けるのを「懸の先」、相手から仕掛けられたときの先が「待の先」、お互いが仕掛けあう場面を「体々の先」と言って区分している。

そして敵と相対したとき、最初の動きはこの三パターンしかなく、このときの「先」の取り方によって勝敗が決まるという。

しかし、その具体的な方法については、明確に分類することが困難であるため、この書き付けをよく読んで各自が工夫するようにと諭している。

【その一　先の先】

ところで、この三つの「先」は、現在では「先の先」「後の先」「対の先」と分類されるのが一般的である。中でも「先の先」は最も基本的な先で、強くなりたい者は、この「先の先」を意識的に稽古することが大切だ。

「先の先」とは相手に隙が見えた瞬間、先手を取ってこちらから仕掛けることだが、これが意外と下手な選手が多い。よく見られるのが相手の返し技を恐れるあまり、つい躊躇してタイミングを逃がすケースだ。

今日より明日の上達を目指すのであれば、目先の結果を気にしてはならない。うまく返されてしまったら、まだ工夫の余地があったということ。何も気にする必要はない。それよりも失敗を恐れず、一日でも早く「先の先」を習得するほうが大切だ。

「先」とは、何度も同じ失敗を繰り返しながら身につけていくものだ。最近の選手は失敗を気にしすぎる傾向にあるが、これは指導者にも原因がある。試合は己の力量を確認する場でもある。試合とは稽古の一環なのだ。勝敗ばかりこだわっていては、武道本来の強さは身につかないだろう。強くなるため「先」は、何よりも習得しなければいけない。それには気持ちの問題、つまり精神力、勇気を養うことも当然不可欠なのである。

【その二　対の先】

勇気とは強い意志の表れであり、それは自分との戦いでもある。よく武道の極意は相打ちにあるといわれる。

相打ちとは、ここでいう「対の先」のことだ。具体的に相撲を例に見てみよう。

相撲では、行司が「ハッケヨーイ」と声をかけるが、これは「発気」という意味で気持ちの充実を呼びかけている。決して「よーい」の次に「ドン！」を言うためのものではない。

力士たちは、行司に気の高揚を促されてテンションを徐々に高めていく。そして集中力が最高潮に達したとき、両者は阿吽の呼吸でぶつかっていく。

行司によって「用意、始め!」と合図されて立ち上げるわけではない。

向かい合った両者の気合が充実し、相手が今まさに攻めて来る瞬間を察知して、こちらも攻めていくのだ。だから制限時間前でも気が一致すれば「勝負!」となるのである。

その勝負は、頭からぶつかっていくのが基本だ。これは結構キツイ。相打ちでは、相手が攻めてくる刹那、それに負けずに前に出られる強い精神力が要求される。いわゆる「皮を切らせて肉を切る、肉を切らせて骨を絶つ」の心だ。

ところで相撲の場合は身体のぶつけあいだから、そのくらいできると言う人もいるかもしれない。では双方とも槍を構えていたらどうか。

相打ちが武道の極意というのは、ここにある。

人は誰しも相手が攻めてくることを察知すれば、本能的に防御態勢をとる。だが相打ちでは、その防御態勢を考えず攻めに専念するのだ。

極意といわれる所以は、相手の攻めに屈せず、相手よりもっと強い心で突っ込む勇気が求められているからに他ならない。

[その三　後の先]

「後の先」は、武蔵が「待の先」と表現しているため、受けて立つものと理解されている場合が多い。全くの間違いではないが、このことが案外、誤解を招いているようだ。

相手が動く前に攻める「先の先」。

相手が攻めてきたら負けずに攻める「対の先」。

相手の攻めを受けながら攻め返す「後の先」。

一般的に「後の先」というと返し技を思い浮かべるだろうが、返し技は相手の攻撃を捌くことが前提となっている。そのため相手の動きをよく見定め、相手の動きに対応することが「後の先」と思っている人が多い。

しかし、それだと平山子竜がいう「人に致されて」しまい、主導権を取るのが難しくなる。戦いにあっては、絶対に主導権を相手に与えてはいけないのだ。決して鷹揚に受けて立つなどという心構えであってはならない。

もっとも、稽古台として練習相手になる場合は別だが。

戦いでは様々な攻防の中で、常に自分が攻め続けられるとは限らず、相手の攻撃を受けなければならない場面も発生する。返し技とは、そんなとき最も合理的に勝つためのテクニックに過ぎないのだ。武道では、テクニックと心は明確に区別する。

テクニックだけで勝った場合は、形は同じでも気持ちが伴わなければ、それは「後の先」とはいえないのだ。

「先の先」や「対の先」「後の先」というのは、常に相手より優位に立つ心構えをいうのであって、技とは次元の異なるものだということを知っておく必要がある。

【先は駆け引きではない】

昔から「先」については真意を伝えるのが難しかったらしく、子竜は「剣徴」の中でこうも言っている。

荘子が書いた本の中には次のようなくだりがある。「よく戦う者は遅れて発し、先んじて至る」と。これは何を言っているかというと、剣の達人というものは己の身を餌としてジリジリと敵を追い込んでいく。そうすると嫌でも敵は先に攻めかかってくるから、その敵の末勢を受けて一気に押し潰すという意味だ。だから見た目には遅れるといえども決して遅れてはいないのだ。

しかしながら、この真意をうまく説明することは非常に難しい。ただただ実践して自得する他ない。

人によっては、隙を見せるのと待ち構えるのと、各々の配分を七分三分とか六分四分などと心得違いをする者もいるようだが、一瞬が生死を分ける戦いの場で、そんな器用なことなどできるはずがないではないか。

この**「よく戦う者は遅れて発し、先んじて至る」**は、柳生新陰流にも同様の奥義が存在する。ただ「遅れて発し」という言い方から「後の先」と解釈される場合が多いが、必ずしもそうではない。では「対の先」かというと、そうだともいえない。では何だと言われそうだが、前述したように「先」とはテクニックではない。

確かに分類すれば、相手の動きを基準にして「先、対、後」に区別できるが、それは結果的にそういう形になったに過ぎないのであって、意図的にそうすべきものではないのだ。

もちろん、実際には武蔵がいうように**「戦いはこの三つの先より他なし」**なのだから、いずれかに当てはまるに違いない。だから稽古も身体能力を高める基本練習とは別に、臨機応変の想定（応用）練習を取り入れるのは効果的といえる。

だが想定はあくまでも手段であって目的ではない。あまりカタチにこだわると技術ばかりにとらわれて、肝心の心の問題がおろそかになりかねない。

戦いには相手がいる。陸上競技や体操のように、各人の能力を比較して優劣を決める種類のものとは異なる。

両者の動きや駆け引き、心理状態などが刻々と変化する中で、一瞬のきっかけが結果を生む。しかも、その結果は次の戦いの保証とはならない。今日の勝ちが明日の勝利にはならないのだ。この問題は、流祖として後進の指導にあたった達人たちの共通した悩みでもあったのである。

寛猛相濟

第8章 戦いの心構え

心法編

【強さの要因】

ここでは戦いに臨んでの心構え、気持ちのありようについて、先人たちの教えを聞いてみよう。

稽古に稽古を重ね、心身共に上達してきた。技に切れが出てきたし、スピードも速くなった。何より試合に臨んで相手が良く見えるようになった。にもかかわらず、ここぞという場面で勝てないのはなぜか。

最近のA君は己の能力に限界を感じ始めていた。

稽古事というのは何でもそうだが、上達していく過程は決して右肩上がりの直線ではない。必ず壁というものが存在する。そして、その壁は人によって回数も内容も異なる。

そんなとき指導者の適切なアドバイスか、自分自身による気付きがあれば良いが、そうでないと長く足踏み状態を続けることになる。

それでも、原因が身体能力など技術的な問題の場合はまだ良い。工夫する余地があるからだ。

ところが技術を超えたメンタルな部分となると、これが案外難しい状況になってしまう。

まさしくA君の悩みはそこにあった。

最近はメンタルトレーニングなどと称して心の問題も取り上げられる機会が多くなったが、メンタルトレーニングというとアガらないとかリラックスが中心で、緊張感をいかに和らげるかに重点が置かれているようだ。

もちろん、それはそれで間違いではないし、非常に重要な課題だ。だが心の問題とは、それだけではない。特に命をかけて戦う武道では、様々な心が求められる。

例えば不安や恐れなどの克服は当然だが、痛みをコントロールすることも大切だし、本来であれば相手を殺すことにも躊躇してはならない。

真剣勝負の場では、一瞬の雑念が命取りとなるからだ。

だから昔の武士たちは、技の習得以上に心の修行を大切にしてきた。武道の世界では、運動能力の高さが必ずしも強さのバロメーターとはならないのである。

さてA君の場合だが、彼は人並み以上に優れた身体能力を持ち合わせていたことから、常に相手の動きにどのように対応するかということが最大の関心事であった。

体の大きな相手にはどうやって懐に入るか、スピードに勝る相手へのタイミングはどう図るかなど、今までのA君は常に創意工夫を凝らしてきた。そして、そんな努力が功を奏していたのである。

ところが、最近はそのセオリーがうまくいかなくなってきた。こんなはずはないと焦るほどうまくいかない。中でも、得意とするフェイントが通じないときなど、攻め急いで墓穴を掘る場面が増えてきた。テクニックの限界である。

神仏の力にて打ち落とすべし

【気迫がすべて】

切甲刀（せっこうとう）（※）を木刀にて使うに、上段にかざして仕掛けるとき、敵の受太刀は見ずして、いたって無心なるが良し。受太刀の太刀を撃つときは、鉄砲に火が移ると、たちまち鳴るがごとく我が了見は一つも無しに、摩利支天（まりしてん）（※）とか何明神とか、神仏の力にて打ち落とす心と思うべし。我が力にて撃つと思う心ではよろしからず。（「常静子剣談」松浦静山より）

※切甲刀………心形刀流における太刀筋の一つ。他にも乱車刀、獅子乱刀、鷹の羽、三心刀などがあり、いずれも戦場を想定した実戦本位の剣技。
※摩利支天……武士の守り本尊。定まった姿はなく、三面六臂や猪に乗った天女像などで表わされることが多い。

切甲刀という技を上段から打ち下ろすときは、相手の太刀など無視して何も考えずに打ち込むのが良い。

例えば鉄砲の火薬に火がつけば、直ちに轟音と共に弾が発射されるように（弾は火薬に火がついたとき、もし当たらなかったどうしようなどとは考えない）その瞬間は何も考えず、あたかも摩利支天とか何々大明神とかが乗り移ったかのような気持ちで打ち落とすことを心掛けなければならない。自分の意思で切ると考えてはいけないのだ。

戦場では誰しもが極限状態になる。しかも現代と違い、当時の戦いは全て白兵戦だ。野生化した本能は、ただ敵を殺すこと

摩利支天像

だけに集中している。このような戦いでは、迷いや恐れが致命的となる。小手先のテクニックを超えた、はるかに大きな力が要求されるのだ。

【小さきこと役に立たず】

戦国時代、最強といわれた武田軍団二十四将の一人、馬場信房は**「兵法者は小賢しき者なり。踏み倒し、押し倒して首を掻くべし」**と言っている。

彼にすれば、戦場に知恵や技は無用。力と勇気のみが全てで、武術など何の役にも立たないと主張する。

策士、策に溺れるというが、技を得意とする者は技に頼りすぎる傾向があるのだ。もちろんテクニックやスピードは大切な要素だ。しかし実践では、それ以上に心、つまり精神状態が大きな役割を果たすのである。

世の中には、武術を小手先のことと心得違いして、扇を巧みに使ったり、少しでも早く当てることにこだわり、それを兵法の目的と考えている者がいるが、そんな技は武具で固めた戦場では何の役にも立たない。

これは、生涯無敗を誇った宮本武蔵の言葉だ。

実は、武蔵は晩年に参戦した島原の乱で大きな失敗をしている。

島原の乱とは一六三七年、天草・島原地方で起きた百姓一揆のことだ。この戦いに武蔵は、幕府側の鎮圧軍として養子の伊織と共に戦っている。

ところが、このとき武蔵は不覚にも農民の投げた石に当たって大怪我を負ってしまう。そのため、息子の伊織は手柄を立てたものの武蔵本人は全く何もできなかった。幸い戦いは幕府側の勝利に終わったが、武蔵といえども一生かけて会得した修行の成果は何ら発揮できなかったのである。

戦いには常に想定外のことが付きまとう。基本や定石は大切だが、あまりそこにこだわってばかりいると思わぬ不覚を取りかねない。

技であれ力であれ、要は思い切りが大事だ。

思い切り打ち込むとは、思う存分、力任せに打ち込むことだが、そこに未練が残っていてはならない。思いを切ることによって、初めて全力が発揮できるのだ。

いわゆる残心である。それが戦いでは最も重要な心構えといえよう（残心について、一部誤解があることは前述の通り）。

A君に欠けていたものは身体能力ではなく、戦いにおける心構えであったのはいうまでもない。

[疑心暗鬼は負けのもと]

「狐疑心（こぎしん）」とは、狐（きつね）の疑心と書く。

狐は利口な動物だ。しかし、その賢さがときとして災いとなる。

狐疑心とは、疑心を起こすなということなり。狐は疑い多きものなり。狩人などに追われれば、此処彼処と止どまり、何度も振り返りするうちに、脇に回られて討たるるものなり。これは疑心深きためなり。一筋に逃げれば逃げられたものを。

剣術もかくの如し。その敵に対して、かくしたらばこうやあらん、かくあらんと疑い居るうちに敵に討たるるという意味なり。

これは山岡鉄舟の「兵法十二箇条目録」の中の一節だ。

油断は禁物だが、相手の作戦や罠を警戒しすぎればかえって隙ができる。

戦いは一瞬が勝負だ。躊躇逡巡が墓穴を掘るというのだ。

もっとも、そうはいってもなかなか理屈どおりにできないのが勝負の世界だ。

選手も、ある程度熟達してくると相手の動きが見えてくる。見えないうちは怖いもの知らずで打ち込むから、ときとしてそれが功を奏する場合もある。しかし何度も試合を経験してレベルも上がってくると、次第に相手の反応が予測できてしまう。だからどうしても慎重にならざるを得ない。

だが用心深いということは結局、受け身でしかないのだ。

【思い切りが大切】

平山子竜もいう。

兵法の極意にいう。……巧者はひとたび決したら、もはや躊躇せず。たとえ雷鳴にも耳を覆わず、目をつむる暇もないほどに急襲する。その攻めは驚くが如く、その働きは狂えるが如し。さすれば、この激しさに当たる敵は破れ、近づく敵はことごとく滅ぶ、と。

そしてさらに続けて**「無駄な太刀遊びや技比べのようなことばかりに囚われていると狐**

疑の病になる」と忠告している。

もちろん、事はそう簡単ではない。思い切りが大事だからといって遮二無二突っ込んだ結果、あっけなく返し技を取られてしまったという話はよく耳にする。

極意とは、教えられたとおりにすれば、それだけで強くなれるわけではない。物事というのは理屈どおりにはいかないからだ。しかし理屈どおりにいかないから、つまり勝てないから誤りだというのは早計でもある。

真理というものは概して単純な場合が多いが、単純なだけに実際に使えるまでには相当の訓練を必要とする。だからこそ、そういう訓練を経て技が身についたとき、初めて会得ということになるのである。

秋猴の身と漆膠の身

【勇気が勝敗を左右する】

宮本武蔵は戦いの心構えとして、できるだけ相手に密着するようにせよと諭す。秋猴（しゅうこう）とは、手の短い猿のことだ。手が短いため、相手に届かせるには近づかなければならない。だから秋猴の身という。

秋猴の身とは、手を出さぬという心構えなり。敵を攻めるに少しも手を出す心なく、敵が打つ前に身を早く入るる心なり。手を出さんと思わば必ず身は遠のくものにて、総身を早く移り入る心なり。手が触れ合うほどの間なら、身も入り易きものなり。

手に頼ろうとすると、どうしても腰が残ってしまう。それでは相手に捌かれやすいし、何よりも致命傷を与えることはできない。だから相手が来ると感じたら、それより速く身体ごとぶつかっていけという。

相手の突きを恐れるあまり、腰が残り肩が引けてしまっている。

打たれるのを覚悟で、身体ごと入る「秋猴の身」の攻め。

己の身の安全は確保し、相手にだけダメージを与えようなどと虫のいい考えは棄てなければいけない。手の短い猿になったつもりで腰から入るのだ。

漆膠（しっこう）の身というのも意味は同じだ。漆膠の漆は「うるし」と読み、膠は「にかわ」だ。共に密着して離れない性質を持つ。

漆膠とは身を入れるとき、ついて離れぬ心なり。

敵の身につくときは、頭をつけ、身をつけ、足をもつけ、強くつけるなり。人は、顔足は早く入れても、身は遠のくものなり。敵の身へわが身をよくつけ、少しも身の空きの無きように付くものなり。

真剣勝負にあって、敵の懐深く飛び込んでいくのは大変な勇気がいる。しかし、ここに生涯六十数度の実戦の中で得た宮本武蔵の教訓がある。

戦いは身体的な能力ではなく、精神力だといわれる所以だ。

たけくらべ

【伸筋主動で大きく動く】

カタチだけ秋猴の身や漆膠の身になっていても、身体が萎縮していては何にもならない。そこで武蔵は、たけくらべという表現も使っている。

たけくらべというは、敵へ入り込むとき、わが身を縮まざるようにして、足を伸べ、腰も伸べ、首をも伸べ、強く入り、敵の顔と顔とを並べ、身の丈を比ぶれば、比べ勝つと思うほど丈高くなって強く入るところ肝心なり。

読者の中にもいると思われるが、試合のときと稽古では動きが違わないだろうか。

特に勝ちたい、勝たなければならないと思ったときほど、気持ちとは逆に普段の動きができない。人間は心の動物だ。いつも身体の持つパフォーマンスを最大限発揮できるわけではない。

言い換えれば、いついかなる場面でも実力どおりの力が発揮できれば、それだけで成績は変わるはずだ。ここに武蔵の言うコツがある。

なぜ、いつもの動きができないのか。それは身体が萎縮するためだ。身体の萎縮とは、筋肉の硬直に他ならない。

どうして硬直するのか。それは防衛本能が働くからである。

動物は、敵わない敵や物体に会うと隠れる、逃げるという行動をとる。隠れるには、できるだけ身体を小さくしたほうがよい。それは屈筋主動で、力は内向きに働かせることになる。その結果、筋肉は硬直する。

つまりヒトは、緊張すると外へ向かっては力を発揮しづらくなるのだ。

それを知っていた武蔵は、たけくらべという表現を使って大きく動くことの大切さを教えている。

そうすることによって、身体は屈筋主動から伸筋主動へと変わるのだ。

筋肉については「体術」編で詳しく述べたが、武道では、この伸筋の働きが非常に重要な意味を持っている。

平常心

【平常心とは何か】

武道において、平常心は最も重要なテーマだ。ところが、この平常心は会得するのが大変に難しい。なぜか。それは心の領域だからだ。

そもそも平常心とは、具体的にはどんな状況をいうのだろうか。

平常心という言葉を最初に唱えたのは、中国の馬祖という禅僧だといわれている。

「兵法家伝書」（柳生宗矩）によれば**「ある僧、高僧に問う。如何かこれ道と。高僧答えていわく、平常心これ道と」**という一文が引用され、**「右の話、諸道に通じたる道なり」**というように全てに通ずる真理だといっている。

そして、わかりやすく次のような例を挙げている。

弓射るとき弓射ると思う心あらば、弓先乱れて定まるべからず。
太刀使うとき太刀使う心あらば、太刀先定まるべからず。
もの書くとき、もの書く心あらば筆定まるべからず。
琴弾くとも琴弾く心あらば、曲乱るべし。

何かを行なおうとしたとき、必要以上に意識してしまって、うまくいかない場合がある。それは無意識のうちに失敗を恐れたり、うまく見せたいとする「欲」が働くからだ。

前述の佚斎樗山子も次のように、私心つまり執着する心を取り去ることの大切さを説いている。

武術共にただ私心さえ去れば、天下に我を動かす者なくして応用無碍自在（おうようむげじざい）なり。
私心とは金銀財情欲偽功、類いのみにあらず。

正しくとも心に少しでも執着するところあれば、すなわち私心なり。少しく執すれば少しく心体を曇らせ、大いに執すれば大いに心体を曇らせる。

また宮本武蔵も**「兵法の道において心の持ちようは、常の心に替わることなかれ」**といい、具体的な状態として**「平時も戦いのときも少しも変わらずして、心を広く真っ直ぐにし、きつく引っ張らず、少しもたるまず、心の片寄らぬように心を真ん中に置きて、心を静かにゆるがせて、そのゆるぎの刹那もゆるぎ止らぬように」**と説明している。

【四つの戒め】

四戒とは、前述したように「驚」「怖」「疑」「惑」の四つだ。

いずれも戦いに際して平常心を失い、動きを止めてしまう原因となるものだ。この場合の動きとは身体ではなく心を指す。

戦いでは止まること、すなわち止心（ししん）（※）は極力避けなければならない。

しかし人間は心の動物だ。平素から心を鍛錬して、胆力、気力を養い、平常心を体得できたと自負していても、一瞬の出来事に「ハッ」としてしまうことはよくある。

止心は敗北につながる。敗北とは死だ。だから武道の世界では、昔から心のコントロールを技以上に重視し、その習得に力を注いだのだ。

現在に伝わる流派として、心形刀流（しんぎょうとうりゅう）という一派がある。この流派は伊庭是水軒秀明（いばぜすいけんひであき）（1648〜1713）を流祖とし、当初は本心刀流と称していた。流儀名の由来は、次の通りだ。

ヒトは戦いに臨んだとき、相手を倒そうとする気持ちと、死にたくないという恐怖心の相反する二つの心が交錯する。この場合どちらが本心かというと、倒そうという気持ちより、死を恐れる心のほうが本当の姿であるという。そこで人間の弱さを認め、その上で恐怖心を克服することを目指して、本心刀流を名乗った。

ところが本心を鍛えるには、その前にカタチを作らねばならないとし、「形をつくる」つまり技を磨くという意味も含め、後に心形刀流と改名したのだという。

今日では、武道といっても死のイメージはない。だから心を鍛えるという発想があまり見られなくなった。

もちろん試合に臨んで緊張しない、アガらない、リラックスなど精神状態は大切だ。しかし昔の剣豪たちがいう平常心とは、だいぶ隔たりがある。

本来の平常心とは、死を超越するところにあるのだ。ここを認識しないと武道は理解できないだろう。

※止心……気持ちが一点にとらわれていること。

【集中力と平常心】

平常心と共に、戦いで求められるものに集中力がある。

剣聖と謳われた山岡鉄舟は、江戸から明治にかけて活躍した人物だ。鉄舟は禅によって集中力を養っている。

彼の著した「一刀流兵法箇条目録」には、次のような記述がある。

無他心通とは、敵を打つだけの心になれということなり。

常の修行中にも、見物が多きことに心が動き、或いは雑念に心引かれては、目一杯の働きがならぬものゆえ、他に心を通じず、己の技に集中して敵に当たれとのことなり。

つまり集中力の大切さを説いている。

「一刀流兵法箇条目録」は十二箇条からなっている。

一刀流の開祖は伊藤一刀斎だが、その高弟、小野次郎右衛門忠明が開いた小野派一刀流の伝書を鉄舟がわかりやすく解説したものだ。

試合などで緊張のあまり周囲はおろか相手の動きもわからないようではまずいが、大勢の観客が気になって試合に集中できないのも困りものだ。周りが見えるのは、それだけ気持ちに余裕があるからといえるかもしれないが、その雑念が命取りともなりかねない。

平常心と集中力は、いわば車の両輪のようなものだ。この境地を「無他心通（むたしんつう）」という。

【勝海舟の集中力養成法】

山岡鉄舟と並んで江戸の三舟といわれた一人に勝海舟がいる。海舟は徳川幕府の末期、西郷隆盛との会見の末、江戸を兵火から救った話は有名だ。

海舟は、剣の修行中よく夜稽古を行なっていたという。夜稽古といっても道場の稽古ではない。いわゆる丑三（うしみ）つ時（※）の真夜中に一人で神社に行って稽古をするのだ。

まず拝殿の礎石に座り精神統一を図り、その後、木刀で素振りを行なう。疲れたら、また座禅を組み、再び素振りをする。これを夜通しやるのだ。

当時は胆力を鍛える方法として**「勇を固めるとは山林、墓所、森川、妖怪の出るところなどへ行き、終夜こもることなり」（兵術要訓）**が一般的であった。

確かに真っ暗闇の中、たった一人で神社などに行くのは結構な勇気がいる。

さすがの海舟も初めの頃は精神統一ができなかったようだ。

初めは夜更けにただ一人、樹木が鬱蒼と茂っている境内にいるのだから、何となく心が臆し、風邪の音が凄まじく聞こえ、思わず身の毛がよだち、今にも大木が頭の上に倒れ掛かるように思われた。（氷川清話）

というように、海舟でさえ平常な精神状態を維持するのは難しかったらしい。

だが修行が進むにつれ次第に落ち着きを取り戻し、かえってその寂しさに趣を感じるほどにまで至ったという。

※丑三つ時……現在の午前二時から二時半ごろ。生き物が寝静まる頃で、怨霊が徘徊する時間帯と考えられていた。

ところで集中力の養い方としては他にも、滝に打たれるとか、火の上を歩くとか、いろいろな方法が伝わっている。しかし、今日それらの修行法は一般的ではないので、ここでは集中力を養う簡単な方法を二つほど紹介しよう。

平常心と集中力を養う訓練法

【不動受け】

二人がやや近間で構え合う。一人が攻め手（仕掛ける側）で、もう一人が受け手（応じる側）だ。やり方は、まず攻め手が受け手に対し、思い切りよく上段を突く。その突きを受け手は顔を微動だにせず手だけで捌く、というものだ（228頁写真）。

この稽古のポイントは、受ける側が顔を絶対に動かさないという点にある。

初めのうちは、つい目を閉じたり、のけ反ったりしてしまいがちだが、慣れてくると平然と受けられるようになる。しかし自信がなかったり緊張していると、受けることはできても眼をつぶったり顔が動いてしまうことが多い。

稽古の進め方としては、最初のうちは約束組手のように左右どちらで突くか決めておくと良いだろう。

そして、その突きを受け手は外から受けるようにする。つまり相手の左の突きには右手で受け、右の突きには左手で受けるようにするのである。

慣れてきたら、どちらの拳で突くかは自由とするが、受けるのはあくまでも外から行なうことを心掛けたい。

また、この稽古は集中力を養うことが主目的なので、突きは一本だけとする。慣れてくると、どんなに強い突きも軽く受けてしまうため、攻め手のほうは、つい二本目を出したくなる。しかし、これは攻め手側の稽古ではないので注意する。

そのかわり受け手は集中力を総動員させて、極力外側から受けるようにする。

突きがどちらから来るか相手が動いた瞬間に判断して、右、左と使い分けられるようになるには結構集中力がいる。

最終的には中段も加えたり、フェイントにも動じなくなれば卒業だ。

この稽古は技術面よりメンタル面の要素が大きい。だから時々、平常心や集中力をチェックする

不動受けのやり方

両者構える

中段逆突きへの受け

上段きざみ突きへの受け

正しい受け方

受けるときのポイントは、不動受けとあるように、顔を微動だにさせず手だけで受けること。

間違った受け方

受けるときは、上体をのけ反らせたり腰をひいたりしてはいけない。

ために行なうと良いだろう。

【拍手止め】

これも平常心と集中力を養うためのメソッドだが、やり方はいたって簡単。二人が向かい合って一人が拍手を打ち、もう一人がそれを止めるというものだ。

この場合、柏手を打つほうが攻め手で、止める側が受け手である。具体的には、お互いが腕を伸ばすと触れ合える程度の距離をとって向かい合う（231頁写真①）。

攻め手は､両手を下げた状態から受け手の眼の前で手を打つ。打ち方は231頁写真②のように､拍手を打つ要領で行なう。

打つ位置はあまりこだわらなくても良いが、首か胸の高さぐらいがやりやすいだろう。

また一定のリズムで打つと受け手は身体で反応してしまうので、不定期に打つことを心掛ける。

一方の受け手側も両手を下げ、同様に構える。ただし肩の力を抜き、重心は臍下丹田を意識する。視線は相手の顎か首あたりに置くが、実際は眼の端で攻め手の両手を注視している。そして相手の手が動いたら瞬時に両手を差し上げ、拍手を打たせないようにする（231頁頁写真③）。

このとき受け手は、攻め手が動くまでじっと待っていなければならない。

これは「気」や「勘」を養うのが目的ではないので、判断はあくまでも眼で行なう。だから攻め手のほうもフェイントなどせず、打つときは一気に行なうことが大切だ。

さて実際にやってみるとわかるが、受け手は攻め手が動く前に止めにいってしまうことが非常に多い。いわゆるフライングだ。

なぜフライングするのか。それは受けなければと焦るからだ。失敗を恐れるからだ。この稽古は一瞬が勝負である。一瞬の遅れが失敗につながる。だから速く動かなければという強迫観念が生じる。つまり平常心を保つのが難しいのだ。

この稽古における平常心とは、ただ淡々と相手の動きに合わせることにある。

うまくいこうが失敗しようが、大した問題ではない。慣れてくればうまくできるようになるだろう、そんな気持ちでやらなければいけないのだ。

ところが結果を気にせず淡々とやると、スピードがついていけなくなる。理由は集中力の低下だ。この訓練は、あくまでも眼で判断する。だから集中力がないと反応が間に合わなくなってしまう。しかし集中力を高めればテンションが上がる。テンションが上がるとフライングの原因となる。

我々は、この二律背反した心の特徴をよく知っておかなければならない。そうすることによって、初めて平常心の重要性が理解できるのである。

柏手止めのやり方

受け手側が相手を見る位置

視線は相手の首辺りだが

見ているところは、相手の両手。

両者、少し近めで向かい合う。

攻める側は、相手の目の前で柏手を打つ。

受け手は、攻め手が拍手を打てないように、両手を間に素早く差し込む。

失敗例1
攻め手が動く前に手を出してしまうフライング。

失敗例2
一瞬遅れたため、攻め手に柏手を打たれてしまう。

第9章　武道における強さ

勝ちに不思議の勝ちあり

【強さとは何か】

さて、ここで強さについて少し考えてみよう。

スポーツの場合は、試合の結果が全てといえる。

普段の練習でいくら強くても、本番に弱ければ評価されない。そのかわり試合には何回でもチャレンジできるし、一度でも大きな大会で優勝すれば、それだけで強い選手として一目置かれる立場になる。

しかし剣豪といわれた人たちの考え方は少し違っていた。心形刀流の常静子（じょうせいし）こと松浦静山はいう。

諸所で他流試合などといって人と技を競い合い、誰は誰に勝ちたりと誉め称える。さだめし誉められし人は、己が技は良しと思わんか、また彼の人に勝ちたりと思わんか。余はそうは思わず。当流の意をもって言わば、一時の勝ちは終身の勝ちに非ず。たとえ、その人に勝ちたりとも、これを終身の勝ちと為すべからず。

勝敗には時の運がある。相手のコンディションが悪い場合もあるし、こちらを甘く見て油断する場合もある。ところが無知な世間は結果だけで判断する。

しかし、そんなものには何の価値もないという。終身の勝ち、本当の勝ちというものは一時の結果とは別だというのだ。

静山は**「勝ちに不思議の勝ちあり、負けに不思議の負けなし」**とも言っている。

負けはどんな負けでも説明がつくが、勝ちは必ずしも実力による結果ばかりではないという。

これを単なる観念論とみるか、生死の戦いから得た真実と読むかは各自の判断だが、少なくとも勝つことだけが強さの証明とはならないようだ。

畠水練

【心の鍛錬こそ重要】

同様のことが「兵術要訓」にも記述されている。「兵術要訓」の著者は安建正寛という人物だが、彼について詳しいことはわかっていない。寛政の年代に京都で道場を開き弟子の指導にあたったようだが、神武流の開祖という説もある。

昨今、竹刀勝負の技量をもって勝利を得る者がいるが、多くは畠水練の兵法者なり。そのわけは、竹刀は竹に皮を着せたるものにて、打たれても突かれても深手を受けるほどのことなし。ゆえに未熟者といえども、小手先の技によって勝つことあるべし。真剣勝負のように命に関わる勝負では、小手先の技にては、その場をしのげず。当節、臆病なる未熟者でも、いささかの工夫をもって竹刀勝負に勝てば己は達人と思う。大いなる誤りなり。

安建正寛は、近頃の風潮を真剣勝負における心のあり方を忘れた小手先勝負だといい、そんなものはいざとなったら何の役にも立たない、いわば畑で泳ぎ方の練習をしているようなものだと断定している。

だから**「今日、戦場の働き無きゆえ、真剣勝負を試みることは為らざるゆえ、真剣の場にての心の強弱動静を知ること為らず。といえども平常心の修行を行なえば、真剣といえども恐るることなく心静まるなり」**と、実際に真剣勝負の場に際して動揺しないよう、いつでも平常心が保てる心の修行をしておくことが大切だと述べている。

【空手における真剣勝負】

そこで空手における強さについて考えてみよう。

空手の場合、その強さのバロメーターとされるものに真剣勝負という考え方がある。

二一世紀の今日、多くの武道の中で最も真剣勝負にこだわりがあるのは空手界であろう（それは剣道や柔道とは異なり空手界が統一されていないためともいえるが）。

各団体は、自分たちの優位性を証明するため、より真剣勝負を強調する傾向がある。その結果、団体によっては真剣勝負を試合や稽古に求めるケースが見受けられる。

つまり、より実戦に近い形で戦うことが真剣勝負だというのだ。

確かに一理なしとはいえないが、これは素人受けするだけで正しい考え方とは言い難い。ルールという身の安全を確保するための約束事がある以上、すでに真剣勝負ではない。似て非なるものなのだ。

それでは空手における実戦的な試合とは、どういうことをいうのだろう。

実戦といっても公平さを期すため、いずれか一方が不利にならないよう配慮せざるを得ないのではないか。

「いや、そんなことはない。ウチでは体重は無差別だし、わずかな禁じ手以外は全くの真剣勝負だ」と主張する向きもあるかもしれない。

では相手が刃物を持ち出したらどうか。「そんな馬鹿な」「空手の勝負に刃物を持ち出すなど議論以前の問題だ」と言うかもしれない。しかし空手にも立派な武器がいくつも存在する。

同じ術（種目）で勝敗を競うという発想自体、すでにしてスポーツのそれと同じだ。

スポーツとは、与えられた条件、つまりルールに最も適したものが勝つのだ。ルールが変われば勝者も敗者となる。

命のやり取りをする真剣勝負では公平も正邪もない。宮本武蔵も、武器とは時と場所と相手によって選ぶべきもので、最初から決まっているわけではない。要は勝つことなのだと言っている。

心形刀流の松浦静山によれば、試合で真剣勝負をするなど言語道断、大切なのはカタチではなく真剣勝負に対する心構えだと言っている。

だから武道では試合は一つの方便に過ぎない。試合での勝利が必ずしも強さの証明とはならないとは、こういうことをいっているのだ。

大男が刀を抜いて立ち向かってきたとき、あなたは冷静でいられるだろうか。

大事なことは戦うことでも勝敗でもない。ときに臨んで、いかに冷静でいられるか、それが武道の求める真の強さであると先人たちは教えているのだ。

【ルールが技を生む】

一対一で、なおかつ素手で戦う術は空手ばかりではない。世界を見渡せば国の数以上に格闘技が存在する。そのため異種格闘技とか総合格闘技なる言葉が氾濫している。

ただ異種格闘というのは公平を期すのが実に難しい。

例えば、柔道は相手を掴むことで力を発揮する。それが相撲のように相手が裸であったら柔道の技は大半が使えない。その相撲も寝技のあるレスリングルールで戦ったら勝つのは困難だろう。

ある種目の世界チャンピオンといえども、異なったルールの下では初心者と変わりはない。だから勝敗だけを見て、どちらの種目が強いとか弱いと判断するのはナンセンスなのだ。

空手も同様である。空手の打撃力の特徴はピンポイントにある。

どこかの実験で、空手の突きとボクシングのパンチの威力を計測したという話がある。それぞれの「衝撃力」と「持続時間」を測ったら、空手の突きのほうが「衝撃力」の最大値は大きかったが、威力の持続時間が非常に短かったという。ボクシングのほうは持続時間が長かったのだ。

このことから、空手は攻撃をちょっとずらせば無力だとか、あるいはボクシングのようにピークを長くするような訓練が大切だ、などという比較議論がある。

しかしながら、この発想は短絡的といわざるを得ない。むしろピンポイントの衝撃力こそが空手の生命線なのだ。そこにはスポーツのようにダメージの積み重ねで勝利を得るという考え方はない。元来、人間の身体には数多くの急所が点在する。そこを一撃必殺の破壊力をもって正確に当てるところに技の目的がある。だからこそ、常に隙をうかがうという神経戦が重要な意味をもつのだ。

そもそも、鍛えられた腹を正拳で突くほど効率の悪い攻めはない。何のために貫手があるのか。眼や金的への攻撃を禁じられたら、空手も単なる腕力勝負となってしまう。

武道においては、「先の先」や「後の先」といった「先」に対する理解が重要だ。我が国には空手をはじめ様々な戦い方があるが、それらを武道として位置づけるのであれば、このことを忘れてはならないだろう。

強さのランク

【五術者】

「兵術要訓」では修行者のレベル、つまり強さの程度を五つのタイプに分けているので参考までに掲載しておこう。この分類を五術者という。

一　過陽者

「石をも砕く勢いで、わが勇猛をもって破竹の勢いをなして敵に向かう」タイプだが、字が示すとおり陽に過ぎる。戦いは陽ではなく陰でなければならない。陽は動、陰は静、心が陽だと足元をすくわれかねない。初心者に多い。

二　才覚者

「我が才覚をもって敵を謀りて撃つ」タイプで、技や理に暗いため意外性で勝つことを専らとする。達人にはいない。

三　術行者

「師伝の術と我が工夫の術をもって勝つことを主とする人」で、過陽者や才覚者よりは上だが、教えられた術を正しく身につけないと才覚者で終わってしまう。

四　至静者

「敵の隙をみて撃つことができる人」で、平常心に至った術者という意味。上手の域に達しており、術行者が長年修行を積んで、はじめて到達できるレベル。

五　至達者

「不動心の妙をもって勝つ人」で、達人の領域にある。達人には、術行者、至静者を経てなれるもので、過陽者や才覚者タイプでは到達できない。

なお、達人の上にはさらに「妙」というレベルがあるそうだが、これは言葉では言い表せないという。

読者の中には、五術者といわれてもピンとこなかった人も多いのではないだろうか。それは空手がまだ発展途上にあるからといえる。

最近の空手は、昔と比べると随分と変わってきた。選手の動きはルールによって変化するから当然だが、その是非はともかく、筆者が見る限り現在の空手、特に組手競技はまだまだ進化していくように思える。

理由の一つは、選手の動きに無駄が多すぎるということ。もう一つは技の体系化が未完成であること等が挙げられる。

剣道の試合を見ると感じることだが、剣道の動きは非常に美しい。特に高段者の試合は芸術的とさえ思えるときがある。剣道に限らず、ダンスでも上級者の動きは素晴らしい。それは動きに無駄がないからだ。無駄のない動きは美しい。言い換えれば、美しくない動きはレベルが低いという証明でもある。

残念ながら空手では、いまだ美しいと思われる試合にお目にかかったことはない。だから、これからも技術的なレベルは進化していくだろうと思っている。そして技術的なレベルがある程度の高みに達し、技術だけでは勝てないということが明らかになったとき、初めて「至静者」や「至達者」の意味がわかってくるのだろう。

【高僧は剣も達人？】

剣禅一如（けんぜんいちにょ）という言葉がある。

そのため、禅を極めたものは剣も強いと思われることがあるが、ハッキリ言って誤りである。全くの間違いではないが、大きな誤解の元となっているのは事実だ。それが昔から荒唐無稽な伝説や風説を作り上げた一因になっている。

本来、剣禅一如という言葉は、心を指しているのだ。つまり平常心や無心などの、心境の共通点を意味しているのであって、技術的なものをいっているわけではない。

これについては、佚斎樗山

禅から武の極意に迫った書「不動智神妙録」で有名な沢庵宗彭。

子が「天狗芸術論」の中で解説している。

「問う。禅僧の生死を超脱したる者は、剣術においても自在をなせるか」

「曰く。（僧と武士では）修行の主意異なり。僧は輪廻を厭い寂滅を期して初めより心を死地に投じて、生死を脱却したる者なり。故に多勢の敵の中にあって、その身は微塵になるとも心までは動じず。（しかしながら）生き延びる役には立たず。ただ死を厭わざるのみ」

つまり悟りを得た高僧は強いのではなく、ただ死を恐れないだけであるという。しかし、その死を恐れない心境こそ、剣を修行する者にとって最終の目標である。この点において、剣禅一如なのだ。

達人誕生

◎実証1　山岡鉄舟

では、心を修行しても技術的なレベルは伸びないのだろうか。

山岡鉄舟

ここに肉体的な鍛錬ではなく、精神修行によって格段と強くなった例がある。一人は山岡鉄舟だ。彼の剣歴を改めて見てみよう。

山岡鉄舟は御蔵奉行、小野朝右衛門高福の四男として生を受け、名を高歩といった。九歳の頃、真陰流の久須美閑適斎から初めて剣術を習う。また十三歳にしてすでに禅を学ぶ。その後、井上清虎、千葉周作、桃井春蔵など、当時一流といわれた剣豪たちの指導を受ける。

二十歳のとき、山岡静山に入門して槍術を習うが、静山が急死したため養子となり山岡姓を名乗るようになった。

明治維新の象徴でもある江戸城の無血開城は、西郷隆盛と勝海舟の会談の結果とされているが、実際に奔走したのは山岡鉄舟である。維新後、明治天皇の侍従も勤めた鉄舟は、明治二十一年七月十九日、肺がんのため五十三歳で亡くなっている。

彼は死の直前まで激しい稽古を続け、臨終は結跏趺坐のまま逝ったという。

【達人、浅利又七郎との出合い】

鉄舟はとにかく剣術好きであった。強いと評判の剣術家がいれば、どんなに遠く離れていても訪ねて行き、教えを請うた。

こんな話がある。剣術修行の一環として禅にも励んでいた鉄舟だが、本物の禅を学ぶ必要があるとの思いから、伊豆にある白隠ゆかりの龍澤寺まで遠出している。

遠出といっても現在のように鉄道や車で行くのではない。自分の足で歩いて行くのである。払暁というから明け方だろう。とにかく朝早く江戸を出て、途中、箱根の山を越えたりしながら目的地に着くのが何と夜中の二時。着くとすぐ禅師のもとに出向き、教えを受けたというから相手も大変だ。その後、飯に水をかけただけの食事をとり、再び徒歩で帰る（往復何日かかったのかは不明）のだが、こんなことを何年も続けたという。

そんな鉄舟が二十八歳のとき、小野派一刀流の浅利又七郎と出会う。

浅利は、一刀流の開祖である伊藤一刀斎景久の剣法を正しく伝える達人といわれ、当代随一の剣術家との評が高かった。噂を聞いた鉄舟は、さっそく浅利に手合わせを申し込んだ。

しかし、実際に立ち合ってみると全く歯が立たない。

鉄舟にしても今までいろいろな相手と対戦し、腕には多少の自信があった。「鬼鉄」の異名をも馳せた鉄舟である。相手の弱点がどこか、どうすれば勝てるか、おおよその見当はつく。勝てないまでも相手の力量くらいは見てとれる。

ところが浅利は違っていた。

木刀を持って向き合うと、まるで催眠術にでもかかったかのように動くことができないのだ。ちょっとでも動けば、たちまち打ちのめされてしまいそうな威圧感がある。とにかく隙というものがない。あたかも山を相手にしているような感じだ。

浅利は相手に隙が見えると「突き」といって木刀を喉元に突きつける。それで「参った」と言わないと、遠慮なく突いてくる。面なら面、胴なら胴と最初の気合で負けを認めないと、容赦なく打ってくるのだ。

後日、鉄舟は「名人達人とは、こういう人をいうのだと初めてわかった」と述懐している。

以来、浅利の弟子となった鉄舟は、師に勝つにはどうすればよいか、日夜工夫を重ねる日が続く。昼は大勢の門弟たちを指導し、夜は座禅を組んで精神統一をはかった。

「一夜にして強くなる」

やがて、ある晩のこと。

いつものように稽古のあと沈思黙考していると、あたかも天地の区別がなくなり自分が宇宙と一体となったような感覚を覚えた。

鉄舟は、そのときの心境を次のように述べている。

釈然として天地物なきの心境に座せるの感あるを覚ゆ。時すでに夜を徹して三十日払暁となれり。このとき余なお座上にありて浅利に対し剣を振りて試合を為す形をなせり。しかるに従前と異なり剣前に浅利の幻身を見ず。ここにおいて、ひそかに喜ぶ、我れ無敵の極所を得たり、と。

いつもなら浅利の幻影が立ちはだかるのに、この日は違っていた。

剣の極意を得たと喜んだ鉄舟は、さっそく門弟の籠手田安定を呼び、相手をさせた。ところが籠手田は、剣を合わせるや否や「参りました」と言って平伏してしまったのだ。訳を訊ねると、「自分は先生の指導を受けて何年にもなりますが、いまだかつて今日のような凄い剣は見たことがありません。とても私など先生の前に立つことはできません。一体このようなことが人間業といえるでしょうか」と驚嘆を隠さなかったという。

そこで鉄舟は、次に浅利に使いを出し、手合わせを願い出た。

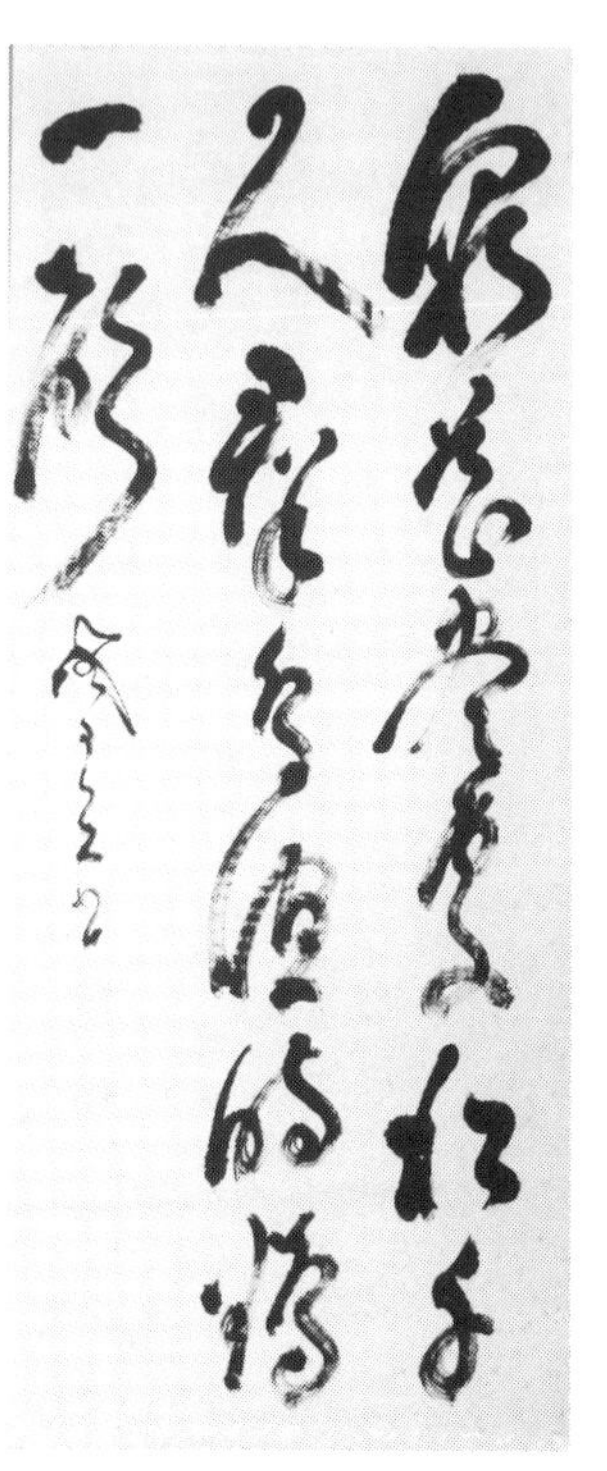

山岡鉄舟の書

浅利は鉄舟の挑戦を快諾し、裂帛の気合と共に立ち向かってきたが、突然、木刀を置くと姿勢を正して言った。

「おぬしは、すでに神妙の域に入った。とうてい自分の及ぶところではない」といい、即座に一刀流無想剣の極意を伝授したという。

ときに明治十三年三月三十日。鉄舟が浅利道場に入門してから十七年目のことであった。このとき鉄舟、四十五歳。

興味深いのは、この日を境に鉄舟の書は剣と同様、格段の進歩を遂げたという（鉄舟は弘法大師が伝えたとされる入木道第五十二世を名乗る書家でもある）。

そして、このことについて鉄舟は「明治十三年三月三十日、自分は剣と禅の二道に悟るところがあった。そして何事も真理は同じであるため、書法においても変化が生じた。しかしながら、その辺の呼吸について自分は自然と会得したのであって、言葉で言い表すことができない。おそらく、このことをうまく説明できる人は非常に少ないのではないか」と、人間の不可思議さを語っている。

◎実証2　植芝盛平

もう一人、昭和の時代では合気道の開祖、植芝盛平（うえしばもりへい）がいる。

筆者は盛平翁（おう）から直接指導を受けたことはないが、生前「私は宇宙だ」とよく言われていたのを思い出す。

ところで、盛平翁がなぜ強くなったのか。

この辺の経緯については、翁の高弟であり「気の研究会」の主宰者である藤平光一（とうへいこういち）氏が「中村天風と植芝盛平／気の確立」（東洋経済新報社）の中で語っておられた。次のような話である。

和歌山の田辺に、講道館が柔道を普及するために作った道場があり、そこに鈴木新吾氏という方がいた。植芝先生は兵役を終えたあと、鈴木氏に柔道を習ったのだという。

しかし当時、鈴木氏曰く、植芝先生は「弱かった」というのだ。

さらに、植芝先生は武田惣角（たけだそうかく）先生に大東流柔術を習ってから、再び鈴木氏に試合を申し込んだのだという。そのときも、植芝先生は鈴木氏を投げようと思った瞬間、ぽーんと飛ばされてしまったというのである。

以下、「中村天風と植芝盛平／気の確立」（藤平光一・著）より引用させていただく。

合気道開祖・植芝盛平

「でも、先生、大本（おおもと）に行って修行して帰ってきたときは強くなっていたね。あのときに強くなったんだね」

鈴木さんによると、どうやら先生は綾瀬（京都府、大本教の本部）へ行ってから強くなったらしい。それも以前とは見違えるほど劇的に、だ。

鈴木さんも、このときから逆に植芝先生に入門し、合気道を稽古することになったのだという。〈「中村天風と植芝盛平／気の確立」（藤平光一・著）より〉

この話が事実だとすると、盛平翁が強くなったのは大東流を学んだからではなく、大本教のお陰ということになる。それも劇的なくらいに。

大本教とは明治二十五年に誕生した神道系の宗教で、出口王仁三郎（でぐちおにさぶろう）を開祖とする神人合一を説いた団体だ。

果たして人間は、宗教などで強くなれるのだろうか。大東流を習っても弱かったというが、やはり大東流の効果は無視できないのではないか。

ところが、このことについても藤平氏の上記の書には次のような記述がある。

神秘化されて最強の武人のように言われた武田先生だが、実際には稽古もしないでただ威張っているだけに思えた。

そのとき湯川という植芝先生の内弟子がいたが、やはり内心おもしろくなかったのだろう。植芝先生が留守のあいだに、湯川は「稽古をつけてください」と言って武田先生を道場に引っ張り出したのだが、逆に武田先生を投げてしまった。

武田先生も、実際にはその程度しか力がなかったのだ。

もしこの話が真実だとすると、やはり大東流の効果はあまりなかったのかもしれない。

それはともかく、山岡鉄舟のケースといい、植芝盛平翁のケースといい、あるときを境に急激に強くなるということはどういうことだろうか。

心がすべて

これについて山岡鉄舟は、次のように言っている。

剣法は鍛錬に鍛錬を重ね、無敵に至るを究極の目的とする。相手と優劣がある間は無敵とはいえない。これらは全て心の問題である。強い者に向かうときは心の動きが止まり、太刀は思うように動かせない。それは、心の中に敵を見出すから、自分で自分の心を止めてしまい、太刀を動けなくしているのだ。

逆に弱い者に対するときは、心に余裕が生じ太刀は自由自在となる。これは心に自信があるからである。

そしてこう忠告している。

これらの事実は、剣法は心が全てであり、その他は何もないという証拠である。修行者が数十年の苦行を続けていても、ただ身体の動きや技のことばかり考えているのは誤りである。

つまり、究極の強さは心によってのみ得られるというのだ。

このことについて、ある人は「それは緊張しない、あがらないという程度の問題で、極意でもなんでもない。当たり前の話だ」という。

また、ある人は「心の問題は、平均寿命が五十歳程度しかなかった時代にあって、肉体のはかなさから精神に無限の可能性を見出した結果、もっともらしい理屈をつけた観念論に過ぎない」と主張する向きもある。

しかしながら筆者は、遠い戦国時代ならまだしも、近代に生きた鉄舟自身の言葉に接するとき、そこに誇張や抽象論を見ることはできない。

鉄舟や盛平翁が劇的な変化を遂げ、それを目の当たりにした人々の肉声が今日に伝わっている事実を突きつけられたとき、我々はもう少し、心の問題について真剣に取り組む必要があるのではないだろうか。

おわりに

武道という言葉が普及したのは明治以降であり、それ以前は武芸、武術と称されていた。この武道という言葉を定着させたのは西久保弘道（1863〜1930、内務官僚、政治家、剣道家）によるところが大きいが、しかし「道」の理念は以前からすでに確立されており、近代に入ってからの新しい捉え方ではない。

武道とは何か。

武道とは武の道である。武は戈（ほこ）を止めると書く。

戈とは剣（つるぎ）のことだ。したがって、武には剣を止めるという意味がある。

このことから武道は、戦いを止める道、つまり平和を導くという解釈が生まれたものと思われる。しかし剣を止めるというのは、もっと単純に防御そのものを意味している。相手の攻撃に対してしっかり身を守るという強い力を表しているのだ。

身を守るには強くなければならない。それは相手に勝つことに繋がる。そして相手に勝つということは、当時の結果として相手を殺すことに他ならない。

この感覚は、現代人には理解しにくいかもしれない。

昔は戦（いくさ）で勝った場合、相手の一族郎党全てを抹殺することも平然と行なわれていた。なぜならば、そうしなければ、生き残った者たちから復讐されかねないからだ。

　そういう時代にあって身を守ることとは、すなわち相手を殺すことと同義であったのである。そこから生き残るために、そして強くなるためにいろいろと工夫が試されるようになっていった。しかし「強さ」には絶対的な基準がない。運があり、油断がある。苦手な相手、いわゆる相性という場合もある。

　たまたま勝ちやすい相手が多いから強いのであって、苦手な相手が多い環境にあっては、もはや強いとはいえなくなる。

　強さとは、時と場合による相対的な評価でしかないのである。

　このように絶対的な基準がない場合、人は何をよりどころにするのか。

　身体を鍛え、技を磨き、様々な要素のレベルを高めていく。しかし、それでもどこまでいっても、これで大丈夫という絶対的な保証はない。なぜならば、そこには状況によって変化する「気持ち」が存在するからだ。

　そのため先人たちは気持ち、すなわち「心」の鍛え方について腐心した。その答えが平常心なのである。

　武道の目的は何かと問われれば、第一義的には勝つことだが、それを突き詰めていくと平常心に行きつく。これが先人たちの共通した認識であったのだ。

戦いの術を武道と考えた場合、この「心」の問題を忘れてはならないだろう。

最近の試合では勝った選手のガッツポーズが当たり前のように見られるが、これは戦いを単なる競技スポーツと認識しているからに他ならない。

負けた者は、その悔しさを明日の勝利への糧として頑張る。その努力が人間を成長させる。そこにスポーツの素晴らしさがある。

しかし武道の場合、勝つことによって引き起こされる結果は相手の死だ。この厳粛な結果に対して人は謙虚になる。ガッツポーズなどもっての外。死んだ相手に向かって「やったぞ！」はないだろう。明日は我が身かもしれないのだ。

武道において強さを求めるとは、そういうことだ。

空手や剣道に限らず武道を学ぶ人間は、その根底にある思想を忘れてはいけない。武道の英訳はスポーツではないのである。

現代では、このような感覚が残されているのは相撲くらいしかないように思える。相撲の始まりは、野見宿禰（のみのすくね）と当麻蹴速（たいまのけはや）による対戦が最初といわれている。結果は、野見宿禰が相手を蹴り殺して勝っている。

確かに相撲は神事として継承されてきたから、伝統が守られやすかったのかもしれない。しかし、その相撲でも最近では理解できていない横綱もおり、誠に心もとない限りではあるが。

なぜ外国人が武道にあこがれるのか。それは武道が日本独特の文化だからだ。武道に限らず、「道」がつく芸道は日本独特の文化である。

ヨーロッパにも騎士道というのがあるが、騎士道と武道とは本質的に異なる（武道と武士道も異なるというのは前述したとおり）。その違いに外国人は異次元の魅力を感じるのだ。

残念ながら現代では、ほとんどの日本人が武道の本質を理解していないのが実情だろう。単に強くなるだけでなく、武道の修得を志している者は、もっと武道の本質に目を向けることが大切だ。なぜならそれを世界が求めているからである。

著者◎長谷川 尚舟　はせがわ しょうしゅう

（公財）全日本空手道連盟所属、正武徳殿紘武会綜師。千葉市空手道連盟理事長、千葉県空手道連盟理事などを歴任。NPO 法人青少年心身育成協議会理事長。保護司。青少年の育成、及び流派にとらわれない空手道の普及を目指し、試合競技と武術としての空手を両立して実績を上げている。また、アメリカで開発されたSAQ トレーニングをベースにした運動能力開発も指導する。

正武徳殿紘武会
https://sites.google.com/view/koubukaioyumino

イラスト●月山きらら
本文デザイン●澤川美代子
装丁デザイン●やなかひでゆき

剣聖に学ぶ！ 究極の空手

空手選手のための武術入門

2023年2月5日　初版第1刷発行

著　者　　長谷川尚舟
発行者　　東口敏郎
発行所　　株式会社 BABジャパン
〒151-0073 東京都渋谷区笹塚 1-30-11　4・5F
TEL　03-3469-0135　　FAX　03-3469-0162
URL　http://www.bab.co.jp/
E-mail　shop@bab.co.jp
郵便振替 00140-7-116767
印刷・製本　中央精版印刷株式会社

ISBN978-4-8142-0517-2 C2075